Amor vs. codependencia

Amor vs. codependencia

Vive tus relaciones
en plenitud

Adriana Páramo Moguel

VERGARA

Amor vs. codependencia
Vive tus relaciones en plenitud

Primera edición: mayo, 2018

D. R. © 2018, Adriana Páramo Moguel

D. R. © 2018, derechos de edición mundiales en lengua castellana:
Penguin Random House Grupo Editorial, S. A. de C. V.
Blvd. Miguel de Cervantes Saavedra núm. 301, 1er piso,
colonia Granada, delegación Miguel Hidalgo, C. P. 11520,
Ciudad de México

www.megustaleer.mx

ISBN: 978-607-316-444-3

Impreso en México – *Printed in Mexico*

El papel utilizado para la impresión de este libro ha sido fabricado a partir de madera procedente
de bosques y plantaciones gestionadas con los más altos estándares ambientales, garantizando
una explotación de los recursos sostenible con el medio ambiente y beneficiosa para las personas.

Penguin
Random House
Grupo Editorial

Para Adriana, Jorge, Andrea y Diego.
Para mi madre, Conchita Moguel.
Gracias por ser mis grandes maestros

Índice

....

Introducción

Si duele no es amor, es codependencia

A veces pensamos que el amor es como una lotería, que algunos tienen "suerte" y encuentran a una buena persona que los hace sentir amados y felices.

Nada más alejado de la realidad, pues el amor no llega de manera abrupta, se construye.

Todos en mayor o menor medida hemos sentido que alguien nos ha roto el corazón y que si esa persona tuviera mejor actitud las cosas serían diferentes, para algunos el amor se sobrelleva, para otros es un hierro candente que les atraviesa el alma y no les impide vivir en paz. Se presentan emociones turbulentas que les ocasionan oleadas enormes de pasión, dolor, placer, sufrimiento, un sube y baja de gran intensidad, que al final deja un enorme vacío.

¿No te has cansado de tener tantos intentos fallidos? ¿Te has jurado y perjurado que "nunca" más volverás a enamorarte? ¿No te ha dolido lo suficiente?

A mí sí me pasó, un día me cansé de pensar que una relación de pareja era una cadena perpetua donde tenía que tolerar a un hombre desconsiderado, al cual no había podido cambiar con mi amor. El dolor me superó y decidí hacer algo para cambiar la forma de relacionarme.

El libro que tienes en tus manos es el resultado de la decisión de ya no vivir así, de empezar una profunda búsqueda para resolver mi propia problemática. Por años me he dedicado a investigar a profundidad por qué las personas reaccionamos como lo hacemos, por qué a veces actuamos de formas que nos llevan al límite, a conformarnos con limosnitas de amor, con tal de no estar solos; lo que más me impresionó fue reconocer que el amor es un acto volitivo, es decir, un acto de la voluntad, sí, aunque parezca increíble nosotros elegimos de manera inconsciente, claro está, a quién entregarle nuestro amor, y ponemos en sus manos nuestro ser entero, el problema radica en que mientras sea una decisión de la cual no somos conscientes siempre vamos a elegir el mismo tipo de pareja.

En estas páginas no encontrarás secretos para atraer a esa persona que amas, ni estrategias para que alguien con quien tienes problemas cambie; tampoco hallarás la fórmula para que si vives en violencia evites que tu pareja sea explosiva.

Lo más bello de este proceso ha sido reconocerme dueña de mi destino, de mis emociones, que hoy puedo elegir cómo, cuándo y dónde quiero relacionarme, decir adiós a las personas tóxicas y recibir con los brazos abiertos a la plenitud.

Lo que te propongo es conocer los mecanismos inconscientes que te mantienen en esa prisión de dolor, de la cual no sabes cómo salir, simplemente porque no tienes claro cómo entraste ahí.

Si dudas que tú o un ser querido al cual quieres ayudar tienen actitudes codependientes, tan sólo pregúntate:

¿La forma de vivir de otra persona hace que tu vida sea ingobernable?

Es decir, vives pendiente de lo que hace o deja de hacer, procuras cuanto sea necesario para que cambie, que comprenda que tú si sabes lo que le conviene y no necesariamente en relaciones de pareja, también nos sucede con padres, hijos, parientes, amigos y hasta en el trabajo.

Aquí encontrarás lo siguiente:

* Cómo surge el enamoramiento.
* Los mecanismos fisiológicos que nos hacen sentir atraídos a cierto tipo de personas.
* Las creencias culturales que tanto nos limitan.
* Cómo se forman los apegos.
* Los síntomas nucleares de la codependencia.
* Los miedos que nos mantienen atados a la zona de confort y cómo enfrentarlos.
* Respuestas a por qué a veces queremos separarnos, pero algo más fuerte que nosotros nos mantiene atados a esa persona.
* Haremos visibles esos puntos ciegos que no nos permiten ser objetivos con la realidad.
* La sensación de abandono, rechazo, sentirnos traicionados.
* Nuevas formas de relacionarnos y mucho más.

En esta obra plasmé los elementos que te llevarán a un autoconocimiento profundo con la finalidad de que encuentres el amor más poderoso, el propio, para que así puedas amar a los demás sin límites y en plenitud.

Siempre con un abrazo al corazón.

Entre el amor y la obsesión

....

....

Solemos amar y odiar al mismo tiempo, cuando estamos en ese estado sin control podemos caer en una obsesión.

....

El amor, entre todas las emociones, es la más humana y compleja, tanto así que ha generado una cantidad enorme de poesía, arte, libros, canciones y películas que influyen en la manera como nos comportamos en sociedad.

Algunos dicen que biológicamente es un intercambio entre feromonas y neurotransmisores; otros, que no es más que un instinto.

Casi todos tenemos una percepción del amor muy idealizada, incluso hay quienes piensan que es la solución a sus problemas cotidianos.

Poco pensamos en que amar es una decisión que requiere cercanía, unión y afecto hacia otra persona, logrando la intimidad, mezclada con la pasión que nos lleva a cruzar todas las barreras, y el compromiso que hace que una relación sea duradera.

El amor necesita de cuidados, afecto y comprensión. Si amas, valora ese cariño.

¿Cuántas de las siguientes historias te resultan familiares?

Me siento muy mal, mi esposa me es infiel. Cuando la conocí, a pesar de saber su historia, le dije que la iba a ayudar, me había enamorado, estaba dispuesto a hacerme cargo de su vida y de sus problemas. Al principio las cosas marcharon bien, sus hijos de cinco y ocho años de edad estaban encariñados conmigo, me decían papá.

Mientras pagaba los adeudos de sus tarjetas, lo que sus parientes y amigos le habían prestado, además de la colegiatura de las escuelas de los niños, todo marchaba sobre ruedas, era cariñosa; yo me sentía el rey del universo, todopoderoso, pero al pasar del tiempo...

Su actitud empezó a cambiar, la sentí lejana, como si estuviera aburrida, ya no reía, constantemente se refería a mis defectos, la pasión brilló por su ausencia, es como si me hubiera abandonado a pesar de vivir bajo el mismo techo; enloquecí de dolor, celos y abandono.

Joel, su expareja, padre de sus hijos, y con quien nunca se casó, era un músico que nunca tenía trabajo, a veces le iba a pedir dinero para sobrevivir, ella lo ayudaba con los recursos que tanto trabajo me costaba conseguir a mí. Un día los escuché, no se dieron cuenta de que había llegado antes del trabajo, me dolió mucho saber que me veían como al «idiota» que pagaba las cuentas. Decidí no enfrentarlos, y así como llegué me fui; una hora más tarde regresé a casa como si nada hubiera pasado. Transcurrieron los meses, Aurora empezó a tener conductas irregulares, llegaba tarde, con olor a tabaco —ella no fuma—, traía la fragancia de un perfume muy peculiar. ¡No! Hoy me tengo que hablar con la verdad, era aroma a loción para hombre y pasión, el dolor que me provocaba me llevó a buscar en sus correos y en su teléfono; la seguí en muchas ocasiones. Siempre encontré motivos para sentirme peor, pero no podía parar, era como un placer morboso, entre más daño me hacía, más la necesitaba.

RICARDO

Eva maquilló cuidadosamente el moretón de su pómulo, ya ni siquiera lloraba, sus lágrimas se habían secado, no era la primera vez que Alberto «perdía los estribos» y le daba una paliza.

Esta vez él había sido demasiado violento, pero mintió en el hospital como siempre, dijo que la fractura de la mano era consecuencia de una caída; él no se tomaba la molestia de dar detalles, sólo hacia comentarios hirientes acerca de la torpeza de su esposa.

Eva observó su rostro frente al espejo, sus grandes ojos azul profundo eran de una belleza extraordinaria, su blanca piel hacía contraste con el negro de su pelo, tenía treinta y cinco años, pero se sentía vieja; no pudo tener hijos, por lo cual Alberto la descalificaba y cada vez que podía se lo traía a cuento.

—Cocinas mal, eres tonta, mala, sucia, ¡qué ganas de irme lejos y no volverte a ver!

Desde que se casaron la fue alejando poco a poco de su familia y amistades, la llevaba de viaje constantemente, la mantenía vigilada, escuchaba sus llamadas, llegaba a casa intempestivamente para ver qué hacía.

Eva se refugiaba en limpiar la casa y tejer, las pocas veces que su madre podía hablar con ella, le rogaba que pidiera ayuda, pero ella se negaba, estaba segura de que algún día Alberto reconsideraría todo y cambiaría, entonces él podría ser el hombre que ella quería, del que se enamoró cuando eran novios, gentil, amoroso, que la complacía en todo, quien la protegía hasta de su propia familia, que era tan disfuncional.

Quizá si ella se esforzaba más o era la mujer que él esperaba, dejaría de castigarla.

«Alberto», la mirada de Eva se iluminaba sólo de pensar en él.

Esperaba que pasara por ella para llevarla a casa, esta vez sería distinto.

El dolor de vivir era intenso... si sólo pudiera detenerlo para siempre.

                                            EVA

«Tengo muy poco tiempo para arreglarme», se decía apurada mientras calzaba los altos tacones y acomodaba los rizos rebeldes que caían por su frente. «A las nueve —continuaba su monólogo— es el desayuno de la fundación, a la una tengo que ir a comprar el regalo para la boda, a las dos por mis hijos al liceo.»

—María —gritó, llamando a su ama de llaves—, no te olvides de tener la comida lista a las dos y media, el señor quiere que sus invitados puedan llegar a tiempo al aeropuerto.

Tomó rápidamente su bolso de marca y al girar sintió un mareo, su vista estaba nublada, comenzó a temblar, los latidos del corazón cada vez eran más fuertes, perdía fuerza en las piernas, no podía respirar. ¡Qué angustia! Sintió náuseas, jamás le había sucedido algo así.

—Es un infarto, me voy a morir, María, llama una ambulancia, ¡rápido! —gritó muy asustada al tiempo que perdía el conocimiento, cayendo pesadamente sobre la mullida alfombra del baño.

Cuando despertó en su habitación eran las seis de la tarde, no entendía qué había pasado. La fiel María se encontraba al lado de su cama.

—Se desmayó, señora, el doctor dijo que fue una crisis, tiene que guardar reposo.

—¿Mi marido y mis hijos dónde están?

—El señor como siempre se fue a su oficina y los jóvenes ya no tardan en regresar de su clase de karate.

Se sintió más sola que nunca, no es que María no fuera su acompañante, simplemente se dio cuenta de que ni Carlos ni sus hijos estaban en un momento tan difícil para ella.

La crisis de pánico la obligó a ver su realidad, tenía veinticinco años casada con Carlos, no podía recordar cuándo había sido la última vez que tuvieron intimidad, no compartían gustos, ni salían a solas, dormían en habitaciones separadas, había días que ni se veían, desde varios años atrás sabía que él, además de otra mujer con quien tenía hijos, mantenía relaciones fugaces con cuanta fémina se le ponía enfrente.

Jesús, su hijo menor, estaba fumando mariguana.

Su vida era un caos, llena de secretos, de fantasías; todo por guardar las apariencias, por no renunciar a las comodidades que la posición social de Carlos le brindaba.

«Ahora sí, Bárbara —se dijo—, vas a tener que tomar todas esas decisiones que evitaste durante tantos años, hoy dejas de huir de tu propia vida.»

BÁRBARA

Facundo y yo nos fuimos de viaje a Europa, tres semanas juntos para revivir la llama de nuestro amor; si soy honesta, no puedo dejar de reconocer el gran entusiasmo que provocó en mí, cuando supe la noticia.

Tenemos quince años juntos, él no quiso tener hijos y yo nunca sentí esa necesidad de ser la madre de la que hablan otras mujeres. Al principio las cosas iban de maravilla, compartíamos todo, el cine, los sábados de boliche, los viajes que entre más exóticos eran mejores, nuestros

queridos libros; el tiempo fue pasando y el apetito de estar el uno con el otro también, los besos
ya no eran lo mismo, ya no platicábamos igual,
empezamos a ver grandes los defectos del otro.

La rutina nos absorbió y el aburrimiento comenzó a dormir entre nosotros, no recuerdo la
fecha exacta en que esto sucedió, pero convirtió nuestras vidas en un infierno; pleitos por
la economía, por infidelidades, por la falta de
atención, con qué familia compartir las navida-
des, la crítica a la suegra, nos atacábamos entre
nosotros. De pronto llegó el silencio, dejó de im-
portarnos qué hacía el otro, en qué ocupaba su
tiempo; dos completos extraños durmiendo en
la misma cama.

En el avión hacia Europa hicimos un recuento de los lugares que visitaríamos, los días que
dedicaríamos a cada uno, la importancia de algunos en los que ya habíamos estado el primer
día. Hubo muchas fotografías y una cascada
de recuerdos, reímos mucho, ah, aquellos días de
juventud. Para el tercer día el hastío que habíamos dejado en casa nos alcanzó, dejamos de hablar y nos sumergimos en el celular, la tableta y
la televisión.

Hablábamos más con los meseros o el guía de
turistas que entre nosotros; tuvimos que acep-
tarlo, el amor murió, incluso yo me pregunto si
realmente existió.

¿Qué me hizo notar que ya no tenía remedio la
relación? La indiferencia. De verdad no me importa lo que él quiere, ni a dónde va, él siente lo

mismo por mí, lo mejor será separarnos sin pleitos, porque además ni siquiera tenemos fuerza
para eso.

Karla

¿La forma de actuar de otras personas hace que tu vida sea
caótica?

¿Consideras que, si los demás cambiaran, las cosas serían distintas?

¿Te preocupas más por tu familia y amigos que por ti?

¿Acostumbras rescatar a tus seres queridos de las consecuencias de sus actos?

¿Tus relaciones afectivas, en especial las de pareja, están aderezadas con una gran dosis de conflicto, enamo-
ramientos de terceras personas, peleas, celos, abandonos,
reconciliaciones?

CAPÍTULO 1

Y vivieron felices para siempre

....

En el acto de amar, de entregarse, en el
acto de penetrar en la otra persona, me
encuentro a mí mismo, me descubro, nos
descubro a ambos, descubro al hombre.

ERICH FROMM

Ninguna persona tiene que vivir frustrada por no encontrar el verdadero amor en su vida, o tiene que «aguantar» una relación insatisfactoria, «porque ya qué», «eso me tocó vivir», «así es».

Aunque no lo sepamos, las relaciones nunca suceden al azar, la selección de pareja no es casual, tampoco se hace pensando en que estamos frente «a nuestro último tren», es un proceso más profundo de lo que pensamos, tenemos razones inconscientes para elegir a las personas que están en nuestras vidas, esos motivos van desde la parte más elemental, que son los instintos, además de los patrones conductuales que aprendimos en los primeros años de vida, hasta la información que recibimos del entorno, en cuanto a lo que debería ser o lo que se espera de nosotros como individuos, mismos que hoy a través de estas líneas quedarán claros para ti.

Nuestro cerebro está activo permanentemente, procesando la información que recibe tanto del interior como del exterior. El subconsciente no tiene la capacidad de definir si las imágenes presentes son sólo un recuerdo que desencadena nuestras emociones o en realidad está sucediendo algo que atenta contra nuestro bienestar. Así, tomamos decisiones ya sea por los mecanismos de adaptación o supervivencia.

Veamos tres puntos básicos que influyen en nuestra forma de amar:

1. El mito del amor romántico.
2. El instinto primitivo del amor, ¿cómo nace el amor?
3. La forma en que aprendimos a relacionarnos en nuestra familia de origen.

Nada endulza más el oído, es romántico y sugestivo que frases como «veo a través de tus ojos», «camino con tus pies», «respiro con tus pulmones», «tú y yo somos uno mismo», «tú me haces ser feliz», «sin ti me muero».

Vivimos con el anhelo de encontrar a nuestra media naranja, esa persona que con sólo mirarnos adivinará lo que pensamos y sentimos, quien de inmediato sabrá cuáles son nuestras necesidades afectivas y estará a disposición para cubrirlas.

A lo largo de nuestra infancia fuimos bombardeados con los cuentos de hadas, en estas historias todos los hombres son héroes que viven demostrando su fuerza y arrojo, sometiendo a sus enemigos, dispuestos a salvar a las damas que caen en desgracia.

Las princesas deben sentirse muy afortunadas cuando el príncipe se fija en ellas, aun cuando haya que disputar su atención con la hermanastra.

Los príncipes son diferentes a las princesas, ellos no se complican la existencia, se saben amados, sus amigos los admiran, los enemigos los respetan, son capaces de lograr cualquier hazaña y siempre están ocupados; ellas, al tener una vida ociosa, gustan de vivir atormentándose con sus fantasmas internos, aunque las paralicen de miedo, sufren lo inimaginable hasta que llega su salvador, a quien deben entregar su vida entera.

El príncipe y la princesa se encontrarán en la vida en una especie de amor a primera vista, sabrán que él o ella son la persona adecuada, como si esto sucediera por arte de magia, con la condición de que durante el noviazgo se haya matado uno que otro dragón, sorteado uno que otro pantano y escapado de algún calabozo, llegarán al tan ansiado final (una fastuosa boda) que supone el principio de una luna de miel interminable en donde los cimientos del amor se encuentran en un:

....

Y vivieron felices para siempre...

....

Nos enseñaron a aspirar a vivir en un amor romántico en el cual nuestra pareja (un ser humano cuasi perfecto) nos daría la felicidad, la plenitud y el desarrollo que nosotros no podemos alcanzar por nuestros propios medios, además de esperar que el otro se encargue de llenar nuestros vacíos existenciales, cuando ni siquiera puede con los suyos.

La realidad dista mucho de ser ese cuento de hadas, en el fondo de nuestra alma queremos encontrar a esa persona con quién compartir nuestra vida y formar una familia, o cuando menos para vivir en pareja. Desde adolescentes estamos en la búsqueda, creemos que tenemos mala suerte porque desafortunadamente, en algún punto de la existencia, un mal amor de juventud nos rompió el corazón, con ello nos volvimos desconfiados, decidimos que todo ese amor, generosidad, entrega y buena voluntad, se quedarían guardados en un cajón, porque todos o todas son iguales, hasta que llegó esa personita que hizo que nuestro corazón latiera más rápido, sentimos mariposas en el estómago, nos creímos llenos de ímpetu, revivió la esperanza, creímos que era el amor de nuestra vida, pero luego de un tiempo, sucedió lo mismo que en otras ocasiones, el corazón quedó roto de nuevo, y después de eso decidimos ponerle siete candados, para que nadie pudiera entrar jamás.

¿Te has preguntado cómo nace el amor?

Amar nace de un instinto primitivo, una necesidad fisiológica tan irresistible como comer o tomar agua, además existe un componente cultural trascendental, el amor tiene como objetivo principal cubrir la necesidad de que la descendencia quede garantizada, esto se logra por los mecanismos de elección que ha desarrollado la herencia evolutiva.

Los hombres esperan que la mujer pueda darles un hijo fuerte, por eso son más sensibles ante los estímulos visuales: los huesos fuertes, las piernas largas, la cintura pequeña, la cadera muy redonda, quizá ello explique «los estándares de atracción femenina» y sea el motivo por el que a las mujeres nos enseñan a poner tanto interés en atraer con el aspecto a los hombres.

El enamoramiento en las mujeres está más asociado con la capacidad de la memoria y los recuerdos, tener antecedentes del comportamiento del hombre para saber si puede ser un buen marido y un buen padre.

Una vez que llega el enamoramiento, el cuerpo produce una sustancia llamada dopamina, la cual nos estimula de manera natural además de hacernos sentir en plenitud, exalta nuestros sentidos, nos lleva a tener cambios de estado de ánimo, todo es alegría y felicidad. Ésa es la razón por la cual el amor romántico es tan adictivo a nivel físico.

Estar locamente enamorados nos invita a ir a la cama con nuestra pareja, pero lo que en el fondo anhelamos es la cercanía, la intimidad, que nos llame, nos invite a salir, que se preocupe por nuestra vida; esto establece una unión emocional.

La gran intensidad del amor romántico nos puede llevar fácilmente de la felicidad a la depresión. Quien está realmente enamorado es capaz de llegar a límites inimaginables, desde lograr las más grandes hazañas, pero también si siente que está perdiendo a su pareja, puede desarrollar una gran violencia para defender lo que piensa suyo.

Investigadores de la Universidad College de Londres se dieron a la tarea de captar imágenes del cerebro de los enamorados, sus conclusiones fueron que ante la imagen del ser amado se activan zonas del cerebro (como el córtex anterior cingulado) que también responden a drogas sintéticas, que producen euforia, y además confirmaron que se inactivan las áreas encargadas de realizar juicios sociales y de someter al prójimo a valoración, por lo tanto, nos convertimos en ciegos de amor.

Aunque en la búsqueda de perpetuar y mejorar la especie nos cautivan las personas con rasgos similares a los nuestros, tenemos la tendencia a sentirnos atraídos por el olor de quienes tiene un sistema inmunológico diferente, ahí es donde empieza el trabajo de las feromonas, que son las sustancias químicas que secretamos todos los seres vivos para enviar mensajes que provocan ciertos comportamientos en los demás individuos.

....

**¿Recuerdas a alguien cuyo simple olor
te llevara al mismo cielo?**

....

El enamoramiento provoca sustancias que producen felicidad como la feniletilamina, anfetamina producida por el cuerpo que a su vez promueve la secreción de algunas otras sustancias como:

* Oxitocina, que modula comportamientos sociales, patrones sexuales y la conducta parental. En el cerebro parece estar involucrada con el reconocimiento y establecimiento de relaciones sociales y podría estar implicada en la formación de relaciones de confianza y generosidad.
* Dopamina, neurotransmisor y hormona asociada con el sistema de recompensa y placer en el cerebro.
* Noradrenalina o norepirefrina, neurotransmisor que produce euforia, dando al cuerpo la excitación de una dosis natural de adrenalina; gracias a esta sustancia el corazón late más rápido, la presión arterial se eleva y respiramos pesadamente para que llegue más

oxígeno a la sangre, transpiramos más y el rostro se ruboriza.

❋ Reduce la serotonina, neurotransmisor que hace que la persona tenga pensamientos y conductas obsesivas por el otro.

Amamos profundamente, esperando la entrega total de nuestra pareja, pero cuando las cosas no son exactamente como queremos lo resentimos y comenzamos a odiar, ambas son emociones muy parecidas, y su antídoto es la indiferencia.

Ante tanta intensidad puede llegar una ruptura y con ella la desolación, sentimos que la vida acaba, todo es tristeza y depresión.

Si a esto le sumamos la forma en que aprendimos a relacionarnos en casa, podremos comprender por qué reaccionamos así.

Al ser cotidianas las reacciones nos parecen normales, dadas y lógicas, por tanto ni siquiera nos cuestionamos si existe algo diferente o si se puede cambiar.

A partir de la familia nuclear aprendimos a relacionarnos con el mundo, a través de su ejemplo se establecieron paradigmas que nos marcaron de por vida, por ejemplo:

1. Los roles y funciones en todas las áreas de nuestra vida, esto nos puede impactar ya sea con responsabilidad, amor, atención, vínculos afectivos sanos, los cuales nos llevarían a una madurez emocional o, por el contrario, a una casa con aislamiento, crisis de identidad, desconocimiento de obligaciones, responsabilidades y derechos, que nos crearía confusión.

2. La manera en que expresamos el afecto y asimilamos la convivencia.
3. El comportamiento de los integrantes de este núcleo nos llevó a comprender la manera de ganarnos la vida; si papá y mamá trabajaban, formaron un patrimonio y tenían una estructura, eso replicaremos. Si eran soñadores, impulsivos y estaban siempre en bancarrota, nos será más difícil salir adelante.
4. Nos transmitieron los valores y principios.
5. Nos formaron para expresar los sentimientos y las emociones.

No se trata de culpar a nadie, porque nuestros ancestros simplemente hicieron lo que pudieron con lo que tenían, sino de tomar conciencia de que hay una razón de peso para que eso que llamamos realidad sea nuestra verdad. Es conocer a profundidad los resortes inconscientes que nos mueven, para dejar de estar emocionalmente a la deriva y tomar las riendas de nuestra vida.

¿De qué manera influye la conducta familiar?

Cuando un niño llega al mundo siente que es parte de lo que le rodea, como un brazo de su madre, una extensión de su padre o un fragmento de la persona que lo cuida, es hasta que alcanza los dieciocho meses o dos años que toma conciencia de que es un individuo. Si llega a un hogar disfuncional, en donde sus miembros no se sienten aceptados, ni pertenecientes, además de escuchar gritos, descalificaciones, reproches, estados de ansiedad y quizá violencia de algún tipo, el menor no va a decir «algo anda mal en mi familia», él introyecta y termina aceptando como suyo ese caos, al pensar que es una persona que no vale, no sirve y no merece, a esto le llamaremos «vergüenza tóxica», dicho estado le provocará una culpa crónica por no sentirse suficientemente bueno que lo acompañará a lo largo de su vida.

La vergüenza tóxica influye directamente sobre la autoestima, toma control de las otras emociones y limita las elecciones.

La timidez, el aislamiento, además de la sensación de soledad, son consecuencia de esa idea de ser una persona inadecuada, lo que provoca vergüenza, y como mecanismo de compensación ante un entorno difícil el niño comienza a moldear una personalidad que puede adaptarse al mundo que lo rodea, misma que fortalecerá al llegar a los seis años, además integrará como una verdad absoluta las creencias y paradigmas que su familia le transmita.

Si su padre cree que las mujeres sólo sirven para la cocina, que a ellas ni todo el amor ni todo el dinero, que hay que ser autoritario y provocar miedo para tener respeto, pensará que todos los hombres son iguales.

Si la forma en que su madre se relaciona es a través de la sumisión, si ella piensa que las mujeres no son capaces de generar su bienestar económico y que sólo sirven para cocinar y estar calladas, el niño lo creerá como una verdad absoluta, además lo recreará una y otra vez en cada experiencia de su vida.

Un ser que nació totalmente inocente, a quien el dolor confundió y prefirió ser cualquiera excepto el mismo, creerá que todas las personas son iguales. Por lo tanto, asumirá que también es igual. Traer toda esta carga de ser diferente o defectuoso conecta con la culpa.

Una persona se siente culpable cuando no puede actuar según sus expectativas y sus propios valores, es por esa razón que se siente en falta e imposibilitada para continuar con su vida y seguir creciendo; esto, aunado a la vergüenza tóxica, lo lleva a sentirse inadecuado.

El sentimiento de culpa siempre es negativo y puede hacer que vivamos muy desdichados y sin propio valor, llegando a la conclusión de que todo lo malo es nuestra responsabilidad.

Cada vez que se comete un error o las cosas no salen según lo planeado, comenzamos a buscar culpables. La forma en que reaccionamos ante la emoción abrumadora que nos causa esta situación puede ir de uno a otro de los siguientes matices:

* Aquellas personas que sistemáticamente se culpan de lo que sucede, en constantes «si yo hubiera», «si me quisiera», «si pudiera».
* Quienes necesitan creer que la culpa siempre la tienen los demás y ellos son inocentes víctimas.
* Aquellos que prefieren no involucrase, no culpan a nadie, ya sea porque están conscientes de que el evento no es para tanto o son evasores que prefieren esconderse en el caparazón del «no pasa nada».

Estar culpándose por todo y por nada genera ansiedad y regularmente se da en personas que crecieron en sistemas de educación rígidos. La familia, la escuela o el medio social han estado tradicionalmente cargados de leyes y normas de conducta regidas por el miedo al castigo.

Así, hemos dejado crecer en nuestro interior a un juez tiránico que termina formando parte de nuestra personalidad; es cruel, impío y nos ataca, imponiéndose a la razón o a nuestros deseos de superación.

Las personas con sentimiento de culpa se llenan de obligaciones, aunque éstas no les correspondan. Son extremadamente perfeccionistas y agresivas a la hora de juzgarse, además viven pendientes de que el castigo pueda caer sobre ellas.

Son quienes están rescatando constantemente a las personas cercanas de las consecuencias de sus actos, les pagan la renta, les cuidan a los hijos, dicen mentiras por otros, los justifican por sus faltas, pagan culpas siendo espléndidos con el dinero, hacen sus trámites bancarios, les dicen cómo tienen que vivir. Además de generar un malestar, la culpa:

* Mantiene vivo el pasado y lo recreamos una y otra vez.
* Te paraliza porque disminuye el deseo y la expectativa de tener logros.
* Se convierte en resentimiento.
* Fomenta la autocompasión.

La culpa es una forma muy sencilla de generar la lástima de la gente.

Existe la tendencia de creer que, si te sientes lo suficientemente culpable, a la larga quedarás liberado de todos tus errores.

Vivimos en autocastigo y boicoteamos nuestras vidas. Para enfrentar la culpa el reto es convertir ese sentimiento en:

* Una alerta, que nos sirva para preguntarnos si estamos actuando bien o somos justos. Este análisis nos puede llevar a un gran desarrollo personal.
* Un momento de reflexión y revisión de por qué nos surge, sin entrar a devaluarnos ni a hundirnos en el desasosiego y el sufrimiento.
* Un diálogo interior que nos lleve tomar conciencia de cuál es la conducta por la que sentimos culpa.
* La búsqueda de soluciones, o en su defecto, alternativas para reparar el daño causado.
* La petición de perdón a las personas dañadas por nuestra conducta, empezando por nosotros mismos.

La culpa no cambia el pasado, no cambia los resultados, ni te lleva a ser mejor persona.

Estamos hablando de un menor de seis años que en esta confusión para relacionarse con los demás quizá elige las siguientes máscaras:

* El salvador de todos, es quien rescata a todas las personas de las consecuencias de sus malas decisiones.
* El simpático, es capaz de hacer lo que sea con tal de ser quien lleve la alegría a todos lados.
* El narcisista, líder, centro de atracción, el centro del universo.
* El intelectual, que puede dominar con sus conocimientos.
* El pacificador, tranquiliza las situaciones que están fuera de control.
* El eterno adolescente, aquel que nunca crece.
* El soberbio, a quien tienes que agradecer que te acepte.

La finalidad de estas máscaras es aminorar las emociones negativas puesto que éstas de alguna manera cumplen las siguientes funciones :

* Camuflan una realidad que no te gusta y te permite fingir lo que no eres.
* Las usas en la búsqueda de aceptación.
* Evitan que los demás te vean vulnerable.
* Ayudan a tener amistades.
* Ocultan la verdadera identidad.
* Son un intento por cubrir lo que se es para representar cómo se desea ser visto.
* Anestesian el dolor de una autoimagen pobre.

Esto es el ejemplo de cómo puede estar conformada la identidad de una persona, de la importancia de las primeras experiencias de vida.

La historia personal es como si colocáramos unos lentes de color sobre nuestros ojos y esos lentes fueran un filtro a través del cual la realidad se distorsiona, pensamos que eso es la vida o el destino y nos resulta difícil, aunque no imposible, cambiar nuestra forma de reaccionar ante los eventos.

Una vez que estamos en edad escolar, vamos integrando la información que recibimos, primero de nuestros iguales, de los maestros y de los medios de comunicación, las telenovelas, películas, programas de televisión.

¿Cuántas cosas equivocadas, negativas, saboteadoras, mata sueños y absurdas tenemos grabadas en el subconsciente?

Y son precisamente esos paradigmas establecidos en nuestra experiencia las herramientas que utilizamos para enfrentar los retos cotidianos.

Las tradiciones familiares

En todas las familias existen patrones conductuales que repetimos sin saber por qué.

* Los López son contadores, los Reyes médicos, los Ramos arquitectos, los González no estudian, los x suelen pasar de un trabajo a otro sin tener arraigos.
* Las mujeres de la familia son madres adolescentes.
* Los hombres son mejores proveedores.
* La familia Juárez se divorcia después de cuatro años de matrimonio.
* Las Jiménez no se casan ni tienen hijos.
* Los y tienen problemas de adicciones.
* En algunas familias hay suicidios, incesto, agresiones.
* Los Pérez tienen muchas satisfacciones a nivel profesional.
* Los Martínez tienen que apoyar a sus hijos de más de cuarenta años, porque no han tenido suerte en el trabajo.

Así aprendimos a vivir, a relacionarnos con los demás, no nos sentimos suficientemente amados, respaldados, acompañados, estamos confundidos en ese vasto mundo emocional y con carencias, sintiendo un gran hueco que no sabemos cómo llenar.

El vacío es la falta de sentido en la relación con la propia existencia, donde una persona no sabe estar consigo misma, lo cual la lleva a buscar desesperadamente cómo evadir ese sentimiento de soledad, desarrollando una conducta adictiva como forma de evasión.

Tener un vacío existencial es algo muy peligroso, pues al tratar de llenar ese hueco con algo se puede caer en un exceso que termina en una fuerte obsesión: «Te amo más que a mi vida».

El dolor y la frustración no tienen por qué ser una cadena perpetua, con el conocimiento adecuado, aunado a algunos cambios de conducta, podemos salir de las relaciones sin control que nos atrapan, nos abruman, nos llevan a la desolación y nos tienen en una prisión.

El destino no está escrito, tú lo construyes día a día con tus pensamientos, emociones y acciones.

¿Con cuánto de lo siguiente te identificas?

* ¿Empiezas cosas que nunca terminas?
* ¿Te cuesta trabajo cumplir tus compromisos?
* ¿Te resulta difícil establecer relaciones afectivas sanas?
* ¿Vives con desconfianza?
* ¿Permites relaciones de abuso con tal de que el otro no se vaya?
* ¿Sientes que estás en desventaja en la vida o que necesitas que otros cuiden de ti?
* ¿Todo en tu vida es un desorden o, por el contrario, las cosas fuera de lugar te pueden llevar a perder los estribos?

Puedes estar viviendo las secuelas del abandono, huellas que se adquieren por la percepción de no haber sido protegido, o de que no se cubrieron las necesidades básicas y afectivas en los primeros años de tu vida.

Aun cuando los padres estén presentes físicamente en la vida de una persona, pueden estar tan inmersos en sus problemas, que se encuentran mentalmente ausentes y no ponen atención a los niños. Por otro lado, la sobreprotección, con el afán de que el infante no sufra o no le pasen cosas malas, también es una forma de abandono.

Muchas veces sobre esta huella se estructura una falsa personalidad y se determina, entre otras cosas, el código secreto de conductas compulsivas y destructivas. La falta de comprensión, consecuencia del abandono —aunque no haya sido deliberadamente—, crea un vacío existencial que aísla, deprime y propicia, en ocasiones, una pérdida de autoestima y estados de angustia y confusión intensos. En casos extremos se puede llegar a algo muy cercano a la fractura de la personalidad, es decir, a severos problemas psicológicos.

El abandono puede tomarse como una condición a superar o como un hecho devastador que justifica el sufrimiento y el vacío existencial, eso lo decide la persona que lo padece.

Si la huella de abandono permanece largo tiempo sin ser reconocida, llevará a la persona en cuestión a perpetuar esta condición, sintiéndose desamparada y en desventaja con otras personas, teniendo actitudes inconscientes que invitan a otros a salir corriendo.

CAPÍTULO 2

El cerebro, la culpa y el abandono

....

Ni contigo, ni sin ti
Es casi ley, los amores eternos, son los más breves.
MARIO BENEDETTI

A partir de este capítulo te podría dar sugerencias de cómo atraer al hombre o a la mujer de tu vida, qué hacer para que tu pareja cambie o al menos entienda la clase de persona que es (un ser malvado que te hace sufrir), alentar tus deseos de huir de esta relación que te lastima, pero, para poder hacerlo, necesitas encontrar el momento adecuado para salir adelante. Te podría decir de qué manera lograrás ser quien manda en la relación, hablarte de todas las personas tóxicas para que en esa lista encuentres a tu pareja, recetas para que él o ella te valore, te respete o, ahora sí, decida comprometerse; quizá podría hablarte sobre las meditaciones necesarias para atraer a tu alma gemela.

Seguramente tú has leído varios libros y artículos al respecto, has buscado terapias, soluciones alternativas, alguien que te diga qué pasará en el futuro; pero no han funcionado, porque de ser así, tú y yo no estaríamos teniendo esta conversación.

Darte recetas para que convenzas al *otro* de aquello que más les conviene a los dos, significaría que yo te estoy mintiendo, y eso no lo voy a hacer, va en contra de lo que pienso y creo, porque eso no existe.

Lo que te ofrezco es darte las herramientas para que hagas consciente lo inconsciente, que sepas por qué te relacionas de una forma determinada, para qué estás con un tipo de personas en específico, cuales son los resortes que te mueven a reaccionar como lo haces. De esta manera sabrás cuáles son tus necesidades afectivas, si puedes cubrirlas y así tienes lo que se requiere para formar relaciones sanas.

Soluciones reales
a problemas verdaderos

No dediques tu juventud a una relación de pareja que desde el inicio sabes que no tiene futuro, que jamás funcionará.

Nadie se levanta en la mañana pensando en cómo puede hacerse la vida miserable, de qué manera puede dañarse intencionalmente o hacer sufrir a los demás sólo por deporte. Nuestras relaciones nos duelen, no por maldad, sino porque así aprendimos a formar vínculos afectivos, porque desde que tenemos uso de razón eso es a lo que llamamos amor y en el camino hemos tenido muchos tropiezos, pero eso no significa que estamos condenados a seguir así para toda la eternidad, por ello es importante descubrir cuáles son los resortes que nos mueven a ser de esta manera.

Todos, en mayor o menor medida, sabemos lo que es tener el corazón roto, y cuando nos sucede nos quedamos con tristeza, amargura, desilusión, vacío o dolor.

Esta sensación de perder algo importante puede darse en diversas situaciones, desde perder una amistad muy querida, un trabajo, cambiar de residencia o deberse a un amor no correspondido, hasta la separación de una relación importante, un divorcio o la muerte de un ser amado.

Quedamos hundidos en una profunda sensación de desesperanza, pensando que las cosas ya no cambiarán, que no podremos encontrar un trabajo nuevo, que no volveremos a tener pareja y que nos veremos condenados a un fracaso inminente.

Uno de los procesos naturales al enfrentar una situación traumática es negar lo que nos sucede, crear barreras, decirnos que la culpa es de otros, que nadie merece nuestro cariño o que no nos han valorado lo suficiente; esta actitud sólo nos ata a una rueda de frustración y nos paraliza.

La manera que tenemos para enfrentar las circunstancias es consecuencia de nuestra historia, fisiología y entorno. Aunque presentamos muchas similitudes en nuestro sentir, cada uno lleva dentro un universo de emociones y sensaciones cuyo origen desconocemos. A veces hacemos o decimos cosas que lastiman a otros y desearíamos que no hubieran pasado, pero ahí están, separándonos, rompiendo sueños, esperanzas y el corazón de los involucrados.

Nos quedamos con la premisa de que el amor duele; son muchas las variables que nos llevan a este estado, sólo mencionaré algunas que te pueden dar la clave para que de ahora en adelante vivas el amor en gozo. De ninguna manera buscamos culpar a nuestros padres por la forma en que nos relacionamos, porque nunca ningún padre o madre podrá ser perfecto, se trata simplemente de reconocer los mecanismos inconscientes que nos llevan a ser como somos o a reaccionar en la forma en la que estamos acostumbrados; es encontrar respuestas a conductas que quizá en un momento dado nos sirvieron como mecanismo de defensa, pero que hoy nos alejan de nuestro bienestar. Saber que, independientemente de quién sea o cómo se comporte nuestra pareja, la forma en que nos enseñaron a vivir nos acompañará a lo largo de nuestra vida, tenderemos a interpretar que las relaciones son una repetición de la relación que hemos tenido con nuestros padres y, si esa relación estuvo marcada por el dolor y la impotencia, eso es lo que repetiremos.

Por ejemplo, los niños que crecieron con maltratado familiar aprendieron que las personas que les hacen daño son las mismas que *los aman*. Se acostumbraron a convivir con sus agresores porque no había otra salida: después de una paliza el maltratador le pide un beso o un abrazo a su víctima, en el famoso «me duele más a mí, pero es para educarte». Quienes recibieron la reprimenda tienen que convivir con sus agresores cada día y están *obligados* a amarlos. Esta incongruencia genera inevitablemente una situación de dependencia, porque no pueden huir de la persona que los hace sufrir, es más, vuelven una y otra vez a ella porque es esa misma la que puede calmar su dolor, porque a eso llaman amor. Esta manera de relacionarse es muy común y perniciosa para el futuro, ya que las víctimas no saben protegerse adecuadamente, no detectan a las personas tóxicas o de manera inconsciente las buscan y, aun cuando sepan que están en una relación dañina, tendrán grandes dificultades para romper. Sin darse cuenta vuelven una y otra vez a ellas para calmarse y sentirse amados.

Una relación de pareja sana debería estar basada en amor, compromiso, respeto, tolerancia, confianza, libertad para que cada uno se desarrolle y viva satisfecho con su vida y logros, pero al repetir los patrones conductuales que vivimos de niños —porque es lo único que conocemos y vemos normal lo anormal, simplemente por ser cotidiano—, deformamos, por llamarlo de alguna manera, la realidad y nos enfocamos en lo conocido.

No es normal vivir con lo siguiente:

* El pensamiento de que con tu amor entenderá que actúa mal y algún día todo cambiará.
* Agresiones con las que todo el tiempo recalcan tus defectos, burlándose de tu físico o recordándote lo que no puedes hacer, minimizando tus virtudes y lastimando tu amor propio.
* La *obligación* de perdonar una y otra vez todas las infidelidades.
* Abandono, pues te sientes en soledad aun cuando tu pareja está presente, responde con monosílabos cuando quieres iniciar una conversación, no le interesan tus asuntos, ya que se puede vivir bajo el mismo techo y no tener una vida en común.
* Violencia, pues no son normales las bofetadas, moretones, huesos rotos, que no puedas tener una tarjeta de crédito o chequera, o tengas que pedir permiso para utilizarlas, que te obliguen a hacer cosas que no quieres, que dispongan de tu patrimonio como si no pudieras tomar decisiones.
* Silencios al ir en el coche en un trayecto largo y no tener nada que decir, pues si acaso cruzan palabras es para hablar de los niños, quejarse de las intromi-

siones de la familia política, problemas económicos o discutir.

* Una relación sin futuro con una persona que abiertamente te dice que no quiere un compromiso, que está casado o casada; enamorarte de alguien que tiene una preferencia sexual diferente, que es inalcanzable, o que simplemente no quiere estar contigo.

* Ciclos de separaciones y reconciliaciones en las que te vas de la casa con todas tus cosas y los niños, y después de unos días te llenas de pánico y regresas al mismo calvario.

* Odio hacia la persona con quien duermes, pero que crees que no puedes dejar porque la amas o porque no sabrías qué hacer si no está, es más, el solo hecho de pensar en su ausencia te provoca angustia.

A veces tenemos tanto miedo a enfrentarnos a la vida, a sus retos y tenemos tan baja autoestima, que buscamos en otra persona, sobre todo en la pareja, la fortaleza que nosotros pensamos que no tenemos.

**Idealizar es negar o justificar defectos,
todo porque nos sentimos inferiores.**

En un pensamiento mágico asumir que al relacionarnos con alguien que tenga lo que creemos que nos falta nos sentiremos fortalecidos o protegidos.

¿Hasta dónde estamos dispuestos a llegar con tal de no ser abandonados?

Cuando llamamos a otro «mi media naranja» nos estamos anulando como individuos y aseveramos que necesitamos de otro para existir.

Esto nos coloca en una situación de desventaja porque nos relacionamos desde la necesidad, esperando que el otro nos elija porque quizá no nos sentimos suficientemente buenos para ser amados.

No confiar en nosotros mismos, en nuestra valía, nos hace sentir que si dejamos a la persona con quien nos hemos involucrado ya no encontraremos a alguien más.

Y si acaso nos separamos de una relación tóxica, terminaremos regresando con la misma persona una y otra vez con tal de no estar en soledad o, de manera inconsciente, buscaremos a quienes tengan las mismas actitudes y en una profecía autocumplida nos diremos «¿ya ves?, ¡te lo dije!, todos (o todas) son iguales».

Te has preguntado:

* ¿Por qué pones tus ojos en el tipo de personas con quienes te relacionas?
* De verdad, desde el fondo de tu alma, ¿has aceptado a tu pareja al cien por ciento?
* ¿Cuáles son los mecanismos que te impulsan a repetir siempre la misma experiencia?

Existen muchas relaciones que están lejos de ser satisfactorias, donde ninguno siente estar con un compañero con el cual se está construyendo una vida en común, sino con un enemigo a vencer, pues no confían el uno en el otro; en un diálogo interno muy negativo, se enfocan en buscar señales que les confirmen que el otro los está engañando, que seguro «ahí viene la traición», que en el momento en el que más se le necesite fallará y, si siempre ha sido así, «¿por qué hoy habría de ser distinto?» Los niveles de ansiedad se elevan, se vive imaginariamente con las maletas hechas para que el día en que se tenga la economía adecuada, encuentre a alguien mejor, logre las metas que me he propuesto, me cambie de residencia, los niños crezcan, la familia lo autorice, o el mal nacido se muera, uno puede creer que en ese momento justo será feliz y encontrará el amor verdadero.

Te tengo una mala noticia: el que el objeto de tu afecto desaparezca, no hará que se lleve tus malestares, al contrario, la soledad, la sensación de desamparo y carencias se magnificarán, pues el problema no es la otra persona, sino nuestra forma de depender de ella y la manera en la que nos apegamos.

¿Cómo puedo saber si vivo en dependencia emocional?

La dependencia emocional es una adicción hacia otra u otras personas, pueden ser los padres, los amigos, el jefe y, en un gran porcentaje, con quien compartes tu vida. Solemos mantenernos en la eterna fantasía de «mi problema es mi pareja, fuera de eso, todo bien».

Al vivir en esta dependencia:

* Nos mantenemos en la actitud de «no soy feliz ni contigo, ni sin ti».
* Renunciamos a nuestra libertad en la búsqueda del amor y el reconocimiento que no podemos encontrar en nosotros solos.
* Pensamos que sin nuestra *media naranja* no podemos vivir.
* Necesitamos que nos digan mañana, tarde y noche que nos aman, que somos importantes, y exigimos que nos demuestren ese afecto, pero si se pasa de dulzura nos empalaga.
* Buscamos controlar la vida del otro y sus decisiones.
* Queremos que nuestra pareja quiera estar con nosotros, ser su prioridad.
* Investigamos dónde y con quién está, revisamos sus cosas, el celular, montamos escenas de celos, queremos controlar su existencia minuto a minuto.
* Dejamos de ser auténticos para convertirnos en la persona que creemos que el otro está esperando que seamos, para ver si logramos que nos quiera más.
* Llegamos a tener actitudes impensables con tal de no perder su afecto; a veces llegamos hasta a perder la dignidad.
* Sentimos pánico de que nos abandonen.
* Dejamos de ver a nuestros amigos y conocidos, dejamos el trabajo, nos aislamos con tal de estar disponibles por si hoy me llama y quiere verme.
* Hacemos de esta persona el centro de nuestro universo, le dedicamos todos nuestros pensamientos y el mundo gira en torno a nuestro gran amor.
* Anhelamos su presencia, pero cuando llega, lejos de sentir armonía o serenidad, nos llenamos de angustia;

si se aleja, padecemos insomnio pensando con quién estará, nos sentimos impotentes y aplicamos el dicho de que, quien bien te quiere, te hará sufrir.

* Aceptar que mi pareja quiere hacer cosas sin mí me genera muchísima ansiedad.
* Nuestra vida se estanca.
* Esperamos que se haga cargo de nuestra vida, resuelva problemas y pague todas nuestras cuentas, porque pensamos que no podemos hacernos cargo de nada.
* No nos gusta la forma de ser del otro, pero nos resistimos a alejarnos.
* Tenemos un grupo de amistades con las cuales nos desahogamos de todos los sufrimientos que nos ocasiona esa persona, lloramos, pero nos quedamos ahí, atrapados en esa historia.
* Sabemos que esta relación nos quita las ilusiones, las ganas de vivir, desearíamos con el alma que se acabara, tener la fuerza para abandonar a ese mal hombre o esa mala mujer, pero hay algo más fuerte que nos ata a esa relación.
* Nunca nada es suficiente.

La dependencia requiere de una persona que persigue y de otra que evade, son los extremos que se tocan; muchas de las actitudes son compartidas y estos papeles se pueden cambiar dependiendo de la fase en que se encuentre la relación.

El dependiente que persigue por sentir que fue abandonado en su infancia, se encierra en la necesidad del otro, vive por y para su pareja, quiere sentir permanentemente las mariposas en el estómago que le provoca la voz de su amor, no hace planes con nadie para estar disponible, «por si llama, por si me necesita, para que no se enoje, para que no se vaya con alguien más».

Es capaz de dejar a cualquier amistad, actividad o trabajo plantados sin previo aviso, por correr a los brazos de su pareja, por estar pensando en que no lo vaya a abandonar.

Esta actitud termina por convertirse en una trampa, porque en el momento en el que se envalentona y decide *terminar la relación* (por enésima vez) porque la situación ya es indigna, se da cuenta de que todas las amistades, actividades y trabajo ya no están ahí, y el ciclo de finalizar y retomar la relación se perpetúa.

> **En ese proceso se deja de ser un yo para convertirse en una extensión o una sombra del otro.**

Me convierto en lo que yo sé que mi pareja espera de mí: «Es que lo amo con todo el corazón y en nombre de ese amor renuncio a mi libertad, derechos, autenticidad, felicidad, autorrespeto, confianza y aceptación de mi persona».

Dejar de verme a mí para enfocarme en el otro, me puede llevar a no saber si estoy actuando para complacer a mi pareja o porque yo soy así; puedo llegar al autoengaño de tolerar cosas que antes me irritaban, aceptar lo que antaño me parecía grotesco, con tal de que la relación no termine y al final digo: «Tienes razón, me he equivocado, hoy pienso igual que tú».

Este tipo de personalidad se puede definir con el síndrome de Wendy. Quien lo padece presenta algunos síntomas:

* Dificultades para enfrentar sus propias responsabilidades, y para compensarlo insiste en jugar el rol de madre protectora.
* Asumir la responsabilidad que a la vez un ser querido elude.
* Experimentar sentimientos de culpa si no está disponible.
* Acusar constantemente a su protegido de abusar de su buena fe, aunque tampoco se actúa para cambiar la situación.
* Tener miedo al rechazo y al abandono, y presentar un profundo deseo por el complacimiento de los demás.
* Conservar una necesidad imperiosa por sentir seguridad.

Por el contrario, el evasor, por haber crecido con sobreprotección y sentir que el exceso de cuidados lo ahoga, se mantiene lejos; es como intentar atrapar a un pez enjabonado en un río; es controlador, seductor, sabe cómo decir al otro lo que quiere escuchar, le gusta la conquista, pero una vez atrapada la presa se aburre con facilidad, disfruta de las relaciones pasajeras, lo abruma tener demasiado cerca a alguien, el solo hecho de quedarse con una persona le provoca pánico y la palabra «compromiso» le genera alergia, disfruta enormemente de tener varias parejas al mismo tiempo, lo han lastimado tantas veces que se dice así mismo que *nunca* volverá a amar, las relaciones de pareja no le funcionan. Las parejas modernas viven lo mejor de los dos mundos, lo bueno de ser soltero y vivir en pareja al mismo tiempo, pero cada quien en su casa, por mencionar algunos de los puntos de la infinita lista de justificaciones de por qué se niegan a construir una relación comprometida.

Este tipo de personalidad se puede definir como el síndrome de Don Juan.

«Dadme un día para enamorarlas, otro para conseguirlas, otro para abandonarlas, otro para sustituirlas y una hora para olvidarlas...», decía el Don Juan Tenorio de Zorrilla.

Quien padece el síndrome de Don Juan está convencido de ser el mejor amante del mundo y asegura haber seducido a infinidad de mujeres.

Mientras están en el proceso de conquista, estos individuos son encantadores, simpáticos, excelentes conversadores, saben escuchar los dramas femeninos, algunos se las ingenian para ostentar fama o poder y se fijan mucho en los detalles.

Lo que sucede en realidad es que, aunque aparenten no tomarse a sí mismos muy en serio, siempre están pendientes de la opinión de los demás y manipulan sus opiniones para lograr lo que quieren: ya sea adulación, admiración o sexo. Todo para reafirmarse ante sus propios ojos.

Cuando el perseguido se cansa del abandono, los malos tratos, los desprecios, la violencia activa y demás actitudes tóxicas del evasor, y lo abandona, es decir, se niega a sus caprichos, el evasor se niega a soltar y recurre a la conquista, dice arrepentirse, promete que ahora sí cambiará, es encantador, generoso, le da gusto a su pareja hasta que el perseguido cede y todo vuelve a ser igual.

Tanto quien persigue como quien evade tienen una condición en común, baja autoestima y un concepto devaluado de sí mismos, no saben estar solos, están en una búsqueda constante por sentir el interés y ciega entrega del otro, para reafirmar la valía que tienen como seres humanos. Una profunda necesidad de sentirse aceptados, admirados y amados al costo que sea. Ambos se ven como el

bueno del cuento sin darse cuenta de sus actitudes negativas. Todo porque en lugar de construir vínculos sanos, vivimos con apegos.

> La madre nutre, en su amor incondicional desde el emba-
> razo, nos da el merecimiento.
>
> El padre provee; sabernos apreciados por él genera
> una autoestima sana.
>
> Los cuidados adecuados de ambos nos dan seguridad,
> nos hacen sentir aptos para enfrentar las circunstancias
> de la vida por adversas que parezcan, si esto ocurre ade-
> cuadamente formamos apegos sanos.

El concepto de apego nació en los años sesenta para ex-
plicar las diferencias respecto a la forma de pensar, sentir y
comportarse de cada persona; se refiere a los vínculos afectivos que establecemos a lo largo de la vida, primero con
papá, mamá o la persona que nos cuida, después con hermanos, parientes, compañeros en la escuela, amigos, pareja, colegas de trabajo, parientes políticos e hijos.

Iniciemos con el trabajo del llamado padre de la teoría del
apego, John Bowlby (1907-1990), cuya labor con niños priva-
dos de la figura materna lo condujo al desarrollo de su teoría, misma que se vio permeada por las averiguaciones de
los siguientes investigadores:

✳ **Konrad Lorenz** (1903-1989): zoólogo austriaco, ganador del Premio Nobel de Fisiología y Medicina (1973),
llamado padre de la etología, quien tras observar los

vínculos innatos entre las aves describió «la impronta», el concepto que se utiliza para describir un comportamiento y aprendizaje que se desarrolla en un periodo crítico. Una de las conductas de la impronta más conocidas es la de un grupo de patitos recién nacidos que siguen de manera natural los pasos de su mamá pato, estos hallazgos se integraron posteriormente en la teoría del apego humano.

* **Harry Harlow** (1905-1981): psicólogo estadounidense, quien descubrió la necesidad universal de contacto, a través de sus experimentos de separación materna, necesidades de dependencia, y aislamiento social en macacos Rhesus, cuyo resultado concluyó la importancia del cuidado, el compañerismo social y desarrollo cognitivo.

Según Bowlby, el apego se inicia en la infancia y continúa a lo largo de la vida como mecanismo de supervivencia y procreación de los seres humanos.

Los bebés nacen con algunas conductas que buscan producir respuestas en los padres, éstas son las sonrisas reflejas, la succión, el movimiento, la necesidad de ser acunado, los balbuceos y el llanto. De esta manera logran establecer los primeros vínculos, mantienen la proximidad con los padres o su cuidador, se resisten a la separación y protestan si se lleva a cabo. Este primer vínculo es donde se establecen las bases de seguridad para experimentar la vida.

Mary Ainsworth (1913-1999), psicóloga estadounidense, contribuyó a la teoría del apego agregando la técnica de «situación extraña», empleada por la psicología del desarrollo, en menores de dos años, en la cual se intenta simular:

* Interacciones naturales entre el cuidador y el niño en presencia de juguetes.
* Separaciones breves del cuidador y encuentros breves con extraños.
* Episodios de reunión con el cuidador.

Dicho estudio se centró en los efectos de la presencia-ausencia de la madre sobre la conducta exploratoria de los niños, es decir, la capacidad que los pequeños tienen para sentir que el mundo es un lugar seguro.

Con la aportación de estos investigadores se pudo llegar a la teoría que describió tres tipos de apego:

1. **Seguro:** cuando el niño recibe el cuidado constante al buscar protección y seguridad materna. La madre es una persona cariñosa y afectiva constantemente, así el autoconcepto del menor y su confianza son positivos, se siente apto para enfrentar la vida. Los niños con estilo de apego seguro son capaces de usar a sus cuidadores como una base segura cuando están angustiados. Saben que los cuidadores estarán disponibles y que serán sensibles y responsivos a sus necesidades. Al llegar a la edad adulta, estos menores son cálidos, estables y con relaciones interpersonales satisfactorias.

2. **Inseguro-evitativo:** cuando el niño no adquiere el sentimiento de confianza hacia sí mismo y hacia las habilidades que requerirá a lo largo de su vida, teniendo como consecuencia la actitud lejana de sus padres o cuidador, quienes dejan de atender constantemente las necesidades de protección del menor. Estos niños no muestran ansiedad, enfado o tristeza

cuando la madre no está presente, porque pueden recibir cariño y confort de extraños, pero no soportan estar solos, crecen inseguros y se sienten desplazados por las experiencias de abandono en el pasado.

3. **Inseguro-ambivalente:** cuando la reacción a la separación está llena de angustia, protestas y enfados constantes, pues no se desarrollaron correctamente las habilidades emocionales necesarias, no se reforzó la experiencia de confianza ni de acceso a los cuidadores.

En los años ochenta Philip Shaver, psicólogo estadounidense, y su alumna Cindy Hazan ampliaron la teoría hablando del apego en las relaciones amorosas de los adultos:

1. **Seguro:** adultos que tienen una visión más positiva de sí mismos y de sus relaciones interpersonales. Confían en ellos y en los demás. No les preocupa la intimidad ni la independencia, pues se sienten seguros. Saben poner límites adecuados. Se saben aptos y responsables para enfrentar la vida. No tienen reacciones exageradas ante los eventos.

2. **Preocupado-ansioso:** estas personas buscan constantemente la aprobación de quienes los rodean y la respuesta permanente de la pareja. Son individuos dependientes, desconfiados y tienen una visión poco positiva de sí mismos y de sus relaciones interpersonales. Presentan niveles altos de expresión emocional y son impulsivos.

3. **Evitativo-independiente:** niegan sus emociones y no les gusta asumir su vulnerabilidad. Se cubren tras una máscara de absoluta independencia, se aíslan porque

no se sienten cómodos de tener intimidad con otras personas, son autosuficientes y no reconocen su necesidad de tener relaciones cercanas.

4. **Desorganizado:** son muy desconfiados, se caracterizan por tener sentimientos contradictorios en sus relaciones interpersonales. Un día desean profundamente la intimidad y al siguiente les incomoda. Se ven a sí mismos con poco valor, de la misma manera que los anteriores, buscan menos la intimidad y suelen suprimir sus emociones. Quienes tienen este tipo de apego, en la etapa de la adolescencia se enfrentan a un periodo muy vulnerable en el que el dolor puede acentuarse y con éste la sensación de no merecer ser amados. A veces tienen relaciones cortas y superficiales que no les permiten asentar nuevas experiencias que cambien su manera de enfrentarse al mundo. O bien se enmarañan en relaciones conflictivas que reavivan los temores del pasado. Algunos se muestran tan desconfiados que no es fácil acercarse a ellos, a la vez que, en ciertas ocasiones, se retiran de manera impulsiva y muy intensa. Otros acentúan su agresividad como forma de controlar las relaciones y se convierten en jóvenes antisociales. También hay muchos que se caracterizan por ser desvalidos frente a relaciones afectivas nocivas con personas que los controlan o abusan de ellos. Es el caso de algunas chicas que tienen parejas con problemas de drogadicción o alcoholismo y ellas quieren proteger y ayudar, aun a costa de no protegerse ni ayudarse a sí mismas.

Después de conocer estos tipos de apego ¿te identificas con alguno?

La influencia de los padres es un factor importante para el correcto desarrollo de sus vástagos, razón por la cual se requiere que sean cuidadosos en el trato hacia sus hijos, hay que educarlos con paciencia para su sano desarrollo y poner límites adecuados.

La comunicación es un ingrediente indispensable, así como darles bases de seguridad y confianza, reconocer y responder a sus necesidades, abrazarlos, acariciarlos, mostrarles cariño, jugar con ellos, enseñarlos a través del ejemplo a cuidar de su bienestar emocional y físico.

¿Por qué actúo de maneras que aun para mí son impredecibles?

En nuestro cerebro hay tres sistemas muy importantes que aparecieron en diferentes momentos de la evolución.

El cerebro reptiliano

Realiza las funciones básicas de supervivencia, como comer o respirar; compartimos esta característica con los animales vertebrados poco evolucionados, como los reptiles.

Esta estructura se encarga de lo fisiológico, de las conductas simples, impulsivas y repetitivas, es el lugar del hambre, el enfado, etcétera. Al ser la parte más antigua y profunda, en caso de conflicto, ésta toma las riendas del organismo.

El cerebro límbico

Lo compartimos con algunos mamíferos y se desarrolló sobre la base del anterior, es la estructura responsable de la aparición de emociones asociadas a las experiencias. Esto quiere decir que tiene que ver con el aprendizaje: si una conducta produce emociones agradables, tendemos a repetirla o a intentar cambiar nuestro entorno para que vuelva a aparecer esa circunstancia. Sin embargo, si produce dolor, recordamos esa experiencia y evitamos tener que pasarla de nuevo, como parte del aprendizaje emocional.

Cada vez que tenemos una experiencia nueva, buscamos dentro de la información que hemos ido acumulando y resolvemos la situación tal como lo hicimos en el pasado; aun cuando las personas y el escenario sean distintos, nos cuesta trabajo ser objetivos porque nos mantenemos atados a lo que hemos vivido y sentido, además rechazamos todo aquello que en un momento dado hemos clasificado como negativo.

Este tipo de correctivos afecta el aprendizaje porque, si el niño no se siente cómodo, seguro y protegido, su cerebro activará el modo de supervivencia y bloqueará la entrada de nueva información.

Si tenemos miedo, la reacción se va directamente al sistema límbico, en específico a una glándula llamada amígdala, cuyo papel principal es el procesamiento y almacenamiento de reacciones emocionales. Cumple varias funciones básicas relacionadas con los instintos y la supervivencia de la especie, como el hambre, la sed, el sexo, la memoria y las emociones más primarias: ira, alegría, miedo, tristeza... Durante mucho tiempo se ha dicho que en la amígdala nacen las emociones, aunque esto no es del todo correcto.

La amígdala envía proyecciones a otros sistemas para incrementar los reflejos de vigilancia, paralización y escape o huida, para las expresiones de miedo y para la activación de neurotransmisores, que están íntimamente ligados a las respuestas de estrés.

Esta glándula participa en una gran variedad de funciones, pero destacan el mantenimiento de nuestros recuerdos y diversos aspectos de la memoria. En muchas ocasiones, los hechos se relacionan con una emoción muy intensa: un hecho de la infancia, la pérdida de una persona querida, una situación de gran estrés o terror...

El neocórtex

Es el más reciente desde el punto de vista evolutivo, y el último en desarrollarse en cada persona, se encarga del aprendizaje cognitivo, la imaginación, la diferencia en los matices de la realidad y las estrategias más complejas y originales. Es la base para razonar, del pensamiento sistemático y lógico que existe independientemente de las conductas genéticamente programadas y las emociones.

Por medio del neocórtex podemos ver la diferencia entre un problema concreto y el sentimiento que este hecho nos produce, podemos hacer una evaluación que nos llevará a hacer conexión con la parte emocional y a tener nuevos aprendizajes.

Todas estas experiencias en diversas edades, y la plasticidad del cerebro, permiten modular el apego y crear diversos vínculos a lo largo de nuestra existencia.

Aunque las diversas investigaciones aseguran que cada uno de los tres cerebros tiene autonomía neurológica, algunos autores se han cuestionado mucho si realmente existe una clara separación entre el intelecto y la emoción, y si en efecto tienen funciones claramente distintas.

Se dice que cada cerebro ha evolucionado para interactuar con los otros dos, por lo tanto, no importa la función que realiza cada parte por sí sola o la manera en que se conectan para trabajar en conjunto y en tiempo real.

Nuestro cerebro es como una súper computadora, su función primaria es sobrevivir. Para el subconsciente no existe el pasado o el futuro, siempre vive en el presente; no distingue si lo que está percibiendo es un hecho real o sólo un pensamiento, en cuanto llega información del neocórtex, la dirige al sistema límbico, se desencadenan las emociones que mandan señales al cerebro y éste decide si para mantenerse vivo tiene que atacar, huir o paralizarse; la respuesta llega a la amígdala, que decide las hormonas o neuropéptidos que requiere el organismo para las acciones antes mencionadas; si la señal es de temor, la amígdala envía la señal a las glándulas suprarrenales, quienes se encargan de enviar grandes cantidades de cortisol a la sangre, con lo que la respiración se agita, la presión sanguínea se eleva, el corazón late más rápido, sudan las manos, todo el organismo está preparado para enfrentar algo que nos tiene en peligro de muerte; en ese momento ya no pensamos que estamos en un secuestro amigdalar, o si queremos llamar con una sola palabra a todo esto, le podemos poner estrés, esa sensación a la que estamos tan acostumbrados que ya se volvió parte de nuestro diario vivir (éste es uno de los principales factores que provocan los infartos cardiacos). En este estado, como una solución, la memoria hace un recorrido por nuestra historia para tomar como modelo alguna experiencia similar y repite la manera en que se resolvió el asunto, aun cuando el resultado no haya sido satisfactorio, es por ello que vivimos repitiendo los patrones conductuales familiares. Tan sólo porque en una parte muy primitiva de nuestro ser tenemos grabado que así se resuelve o cuando menos sobrevivimos.

¿Te das cuenta cómo no estamos siendo conscientes de nuestros actos?

La mayoría de los estudios que se han hecho sobre el apego relacionan la historia personal afectiva que se ha tenido en la infancia con el resto de las relaciones que se establecen a lo largo de la vida. La relación de pareja es, de todas ellas, la que supone un mayor grado de cercanía, intimidad e interdependencia, por eso es también la que refleja mejor el tipo de apego que se ha desarrollado en la niñez.

Esto no quiere decir que no sea posible tener una relación sana y satisfactoria a pesar de haber sufrido en la infancia.

Podemos decir que los diversos tipos de apego han dejado ciertas huellas en la persona, que hacen que se comporte de una manera que no favorece la relación amorosa. Sin embargo, el apego es flexible y se puede ir moldeando. En algunos casos no será posible lograrlo sin un apoyo terapéutico específico, pero en otras ocasiones la propia vida permite ir aprendiendo poco a poco, sobre todo si se comparte con personas adecuadas que aporten la sensación de protección y seguridad emocional que no se consiguió en la niñez.

Observemos, por ejemplo, las características de quien tiene un apego inseguro desorganizado, para comprender que esta persona es así porque eso es lo que vivió, esto no quiere decir que le voy a pasar todas sus patanerías por lo mucho que sufrió, sino que puedo tomar conciencia de que no tiene otra forma de ser y de que yo elijo si quiero quedarme ahí. O si soy yo quien tiene este tipo de apego, no estoy condenada a seguir así, lo puedo cambiar.

Apego inseguro desorganizado

Estas personas tienen un pasado que contamina su presente. Para poder adaptarse a un mundo caótico aprendieron a romper límites, a ser tramposos, a vivir desafiando a la autoridad, la mentira se hizo una compañera inseparable, tienen actitudes difíciles de abandonar.

Requieren mucha paciencia y ayuda de quienes les rodean para dejar ir todas estas historias y saber que no todo es sufrimiento, que pueden ser aptos para enfrentar la vida y sus circunstancias, además de tener éxito.

Con un entorno afectivo y bien estructurado, donde haya límites adecuados, además de objetividad en cuanto a la realidad de su vida, lograrán ir ganando confianza y seguridad en todas las circunstancias cotidianas.

Lo importante es generar experiencias que cambien la visión que tienen de sí mismos (que salgan de la idea de «no merezco otra cosa») a la vez que modifican el prejuicio de que no se puede confiar en los demás.

La mayoría de los niños y adolescentes maltratados tienen este tipo apego. Sus experiencias han sido tan dolorosas y caóticas que ni siquiera les han permitido desarrollar estrategias defensivas para sentir la cercanía de su cuidador. Sus vivencias responden al terror, el desconcierto y la angustia que sintieron ante comportamientos imprevisibles de la madre o la principal figura de apego. Esos sentimientos provocaron a su vez impotencia y ausencia de control sobre la situación.

Quienes los educaron así, no necesariamente son padres con trastornos severos y crónicos, incapaces de soportar la cercanía de su bebé ni sus requerimientos físicos y afectivos, puede ser que simplemente no saben cómo tener esa cercanía, porque nunca la tuvieron ellos mismos, pero que tampoco aceptan la inhibición de éstos o la lejanía, porque las viven como una provocación y reaccionan a ellas de manera hostil.

Son padres que a su vez fueron terriblemente maltratados o sufrieron pérdidas no resueltas en su infancia. A mayor nivel de lejanía, más hostil y paradójica será la relación con sus hijos.

En estos casos, los niños perciben que no hay nada que puedan hacer para sentirse seguros, protegidos y amados. Además, ante la imposibilidad de pensar que sus padres son malos, interiorizan la idea de que los malos son ellos y creen que por eso no son dignos de amor; en esa sensación de vergüenza tóxica que les dice una y otra vez «no sirvo, no valgo y no merezco». A partir de ahí, cualquier relación que establezcan en el futuro, aun consigo mismos, estará marcada por ese sentimiento y por la creencia de que los otros son inaccesibles y peligrosos.

A veces se mantienen en inhibición extrema, hasta el punto de volverse casi invisibles, con explosiones violentas de cólera u hostilidad, pero junto a éstas puede aparecer también el excesivo cuidado del otro o la complacencia absoluta, incluso pueden someterse con tal de evitar que los abandonen. Pasarán de un comportamiento a otro en función de cómo sean sus padres o de cómo sea la situación, adaptándose en cada caso con el fin de obtener afecto y porque buscan seguridad y confianza, dado que creen que no pueden alcanzar esto por sí mismos.

Cuando son pequeños pueden autolesionarse de manera consciente dándose golpes, e inconsciente teniendo accidentes continuos con el fin de disminuir el dolor psíquico.

A medida que van creciendo, algunos de ellos generan un mecanismo de defensa con el que seleccionan la información que recuerdan, escondiendo lo más doloroso y permitiendo aflorar sólo las experiencias positivas que hayan tenido con sus padres; en un grado extremo pueden hasta inventar estas vivencias que a la larga verán como una realidad. Pueden llegar incluso a idealizarlos.

Una característica que aparece con frecuencia es que, desde muy pequeños, no recurren a sus padres cuando tienen dificultades o problemas de cualquier tipo. Conscientes de la respuesta incoherente y del riesgo que ellos mismos corren si ponen a sus padres en una situación incómoda o inesperada, se quedarán llorando solos o deambularán sin saber a dónde ir si se han caído, han perdido algo o se han asustado.

El trauma que tienen estos niños se manifiesta de distintas formas:

* Viven con miedos crónicos y fobias.
* Se sienten invadidos de manera frecuente.
* Experimentan estrés postraumático.
* Padecen trastornos asociativos, de la memoria y la atención.
* No tienen interés por la exploración del entorno, sufren inseguridad y miedo que los paralizan ante situaciones nuevas.

* Mantienen una conducta hipervigilante: su cerebro cree que tiene que estar en permanente alerta para evitar recibir una agresión.

Ya sea por la edad, las circunstancias adversas o eventos traumáticos, la mayoría de nosotros nos empezamos a cuestionar quiénes somos o por qué nos comportamos de la manera en que lo hacemos, aun cuando vaya en nuestra contra. A pesar de la necesidad de poner orden en lo que nos está sucediendo, evadimos la realidad utilizando el autoengaño, para evitar esto, pregúntate lo siguiente:

De acuerdo a la percepción que tienes de tu persona...

* ¿Soy realmente alguien a quien todos rechazan por ser molesto, pesado, aburrido o malo?
* ¿Quién o qué me hizo sentirme así en mis primeros años de vida?
* ¿Son los demás impacientes, poco comprensivos o dañinos?
* ¿Tengo el hábito de decirles a las personas sus verdades porque soy una persona honesta?
* ¿Tengo que seguir encerrándome en mi mundo pensando que me van a hacer daño si salgo de él?
* ¿A quién estoy viendo cuando miro a los otros?
* ¿Soy una persona a la cual nadie va a querer si se enteran de quién soy en realidad?

Una respuesta objetiva nos hará ver que mucho de este diálogo negativo acerca de nosotros mismos es producto de haber interiorizado a ese maltratador que nos lastimó en la infancia, que nos enseñó a vernos así; con esto podemos empezar a contar una nueva historia de nuestra vida, una más realista, en la que podemos reconocer nuestros defectos, pero al mismo tiempo podemos admitir nuestras virtudes y por ende las de los demás, dejaremos de ser jueces tan críticos para empezar a aceptarnos como somos.

Cuando somos conscientes y aceptamos quiénes somos, de dónde venimos y las razones por las cuales somos así, tomar las riendas de nuestra vida y gestionar de manera adecuada nuestros sentimientos y formas de actuar es posible. De esa manera generamos nuevas experiencias que a su vez nos permiten sentir y actuar de manera más saludable para nosotros mismos y también para con los demás.

Es importante saber reconocer lo bueno que hay en la vida para conectarnos con ello, así como reconocer lo que nos hace daño para alejarnos (recuerdos negativos, pensamientos catastróficos, voces que limitan o denigran).

Algunos recuerdos, ideas o sentimientos son tóxicos y debemos pararlos. Algunas personas también, por eso es mejor alejarse de ellas. Hay otros sentimientos que son positivos, que nos nutren, a esos debemos aferrarnos. También a las personas que nos hacen bien.

Lo difícil es, algunas veces, saber distinguir los unos de los otros.

Todos tenemos una forma *habitual* de comportarnos cuanto estamos ante un conflicto, cuando nos frustramos o nos sentimos heridos, poco comprendidos o molestos. Algunas personas tienen la capacidad de aceptar el golpe, valorar las causas, los daños recibidos y superarlo pronto entendiendo que es algo que forma parte de la vida. Esas personas tienen una forma de actuar que contribuye a resolver cualquier problema, porque no lo agrandan, sino que lo sitúan en el valor exacto y así consiguen superarlo y permitirse volver a tener ilusiones o motivaciones para continuar.

Hay otras personas que se hunden fácilmente en las emociones que añaden más dolor y confusión. Algunos lo hacen hacia dentro y otros los pueden externar. Los comportamientos inhibidos o de evasión son comportamientos *hacia el interior*, éstas son formas de recluirse y de seguir viviendo en el mundo propio. Son esas personas que se alejan de los demás. En cambio, los comportamientos ansiosos son más bien *hacia afuera*, más explosivos, buscan el contacto o el afecto del otro de manera insistente, incluso a veces visiblemente agresiva. Tienen actitudes tan dependientes que cansan a sus benefactores y los demás terminan alejándose de ellos.

Ninguno de estos dos tipos de comportamientos es saludable. Ni para los que lo hacen ni para las personas que forman parte de su entorno.

Un niño, que ha tenido cuidadores que le provocan incertidumbre con sus actitudes impredecibles —pues en ocasiones han sido afectuosos, presentes, maternales, y después lo ignoran o se enfadan y le gritan—, no tendrá elementos para sentir seguridad con su cuidador (a la postre no confiará en sus habilidades para enfrentar la vida). A consecuencia de la falta de confianza, sentirá ansiedad, pues no sabe cómo expresar sus necesidades para poder ser atendido y buscará la proximidad de la madre, resulta probable que lloren para pegarse con desesperación, si no logra su objetivo gritará más fuerte, su protesta será cada vez más intensa hasta que logre llamar la atención.

Si la madre está ocupada, deprimida o molesta, y lo rechaza o castiga sin entender que el niño no se siente suficientemente amado ni valioso para ella, pensará (aunque esto no es real) que nadie puede quererlo de la forma que espera, inconscientemente buscará fusionarse con el otro en un exceso de intimidad.

Habrá quien busque la compasión de los demás a través de la dependencia y la victimización, logrando el efecto contrario, pues quien esté a su alrededor huirá de sus abusos.

Estas personas suelen no tener un adecuado rendimiento escolar y buscan la atención de sus profesores, ya sea porque no entienden o porque sus conductas no son adecuadas. Se han concentrado tanto en lo afectivo que no han podido desarrollar lo lúdico, la necesidad de aprender, el mundo de lo cognitivo, en definitiva. Muchos de ellos presentan trastornos del aprendizaje, déficit de atención o hiperactividad y, en la mayoría de los casos, engrosan las listas del fracaso escolar.

Pero, ¿qué es el fracaso escolar?

Algunas investigaciones han demostrado que entre un treinta y un cincuenta por ciento de los fracasos escolares se deben a causas emocionales.

Dentro de este tipo de causas emocionales se encuentran trastornos como la depresión (más frecuente, en la infancia, de lo que los mayores creemos), la baja autoestima, ansiedad, y luego complicaciones más severas, como psicosis o neurosis.

Y por supuesto, no podemos eludir el papel, yo diría que imprescindible, que representa la familia en estos trastornos. La influencia de ésta en la estabilidad emocional del niño es fundamental. Por ello, estas circunstancias pueden alterar el equilibrio afectivo y perjudicar su rendimiento escolar.

Situaciones especiales que alteran el núcleo familiar, tales como la muerte o enfermedad de uno de los progenitores o de un ser querido, el abandono, separación de los padres, divorcio, nuevo matrimonio de uno de los padres, nacimiento de un nuevo hermano.

Estilos educativos de los padres, como la severidad excesiva o disciplina extrema, o bien un exceso de perfección que hacen que los padres creen unas expectativas que los niños no pueden alcanzar («tienen que ser los mejores») crean una fuerte inseguridad en el infante, que nunca podrá llegar a las altas metas fijadas y, como consecuencia, se sentirá frustrado si no lo consigue.

Del otro lado está el exceso de protección. El niño desmedidamente mimado y cuidado es inseguro porque no sabe enfrentarse solo a las frustraciones si mamá o papá no están allí para resolver el problema.

Una persona que tuvo fracaso escolar enfrentará lo siguiente:

* Trastornos debidos al desajuste emocional en etapas cruciales, como la adolescencia.
* Síndrome del farsante, tendrá la sensación de que no puede enfrentar la vida.
* Menor desempeño laboral.
* Problemas para relacionarse con sus iguales.
* Conformidad con situaciones que lo devalúan con tal de no perder el trabajo.
* Idea de una imagen de sí mismo por debajo de la realidad.
* Impedimento para establecer las metas de lo que quiere en la vida.

No tenemos que estar así para siempre, podemos cambiar nuestras reacciones de manera consciente.

Todos vivimos con nuestro niño interior, nos comportamos como si tuviéramos seis u ocho años, y cuando el miedo
se apodera de nosotros ese niño se adueña de nuestras acciones, por eso cometemos una y otra vez los mismos errores. Para sanar de fondo se requiere que el adulto que somos se haga cargo de ese niño asustado, convertirnos en el
padre o madre que nos hubiera gustado tener.

En lugar de esperar que nuestra pareja nos garantice
la seguridad que no hemos podido encontrar por nosotros
mismos, podemos empezar por mostrarnos amor incondicional para neutralizar esa vergüenza tóxica que nos ha
acompañado desde los dos años de edad y la culpa que tenemos por no ser como nos gustaría.

El amor por uno mismo y la habilidad para relacionarnos
con otros no son innatas, se aprenden, por lo tanto, te puedes vincular de diferentes maneras si te lo propones.

Para superar el temor del niño interior hay que madu-
rar emocionalmente, tener tolerancia a la frustración, saber
establecer límites adecuados y ser objetivos con la realidad,
aunque no nos guste.

Superando la culpa

¿Cuántas veces nos hemos sentido culpables de todo y de
nada? Nos cuestionamos el porqué de esta sensación y no
llegamos a ninguna conclusión.

Si bien la culpa moderada y sana existe como un límite
que nos imponemos, para evitar tener actitudes negativas,
y por ende sus consecuencias, también es cierto que a nivel
familiar y cultural nos enseñaron a ser *culpígenos*.

Una persona se siente culpable cuando no pudo actuar según sus expectativas y sus propios valores, es por esa razón que se siente en falta e imposibilitada para continuar con su vida y seguir creciendo, esto la lleva a sentirse inadecuada.

El sentimiento de culpa siempre es negativo y puede hacer que vivamos muy desdichados y sin valor propio, llegando a la conclusión de que todo lo malo es nuestra responsabilidad.

Cuando sucede algo negativo, tendemos a buscar culpables. Hasta tal punto se da esa tendencia que se pueden clasificar los tipos de personalidad según se reacciona ante las frustraciones: quienes sistemáticamente se culpan de lo que sucede, quienes piensan que la culpa siempre la tienen los demás y, por último, quienes no le echan la culpa a nadie, bien porque no entran a juzgar o porque no le otorgan excesiva importancia a los contratiempos que la vida nos depara.

La autoinculpación provoca ansiedad en las personas, cuyo origen podemos encontrar en sistemas de educación rígidos. La familia, la escuela o el medio social han estado tradicionalmente cargados de leyes y normas de conducta regidas por el miedo al castigo.

Así, hemos ido interiorizando la represión hasta que termina formando parte de nuestra personalidad. Es como un juez o policía que llevamos dentro y que actúa imponiéndose a la espontaneidad de la acción y del pensamiento.

· ·

Las personas con sentimiento de culpa se llenan de obligaciones, aunque éstas no les correspondan. Son extremadamente escrupulosas y exigentes a la hora de enjuiciarse y viven pendientes de que el castigo pueda caer sobre ellas.

· ·

¿Cuáles son las consecuencias de vivir con culpa?

* Se mantiene vivo el pasado.
* Paraliza, porque disminuye el deseo y la expectativa de tener logros.
* Se convierte en resentimiento.
* Fomenta la autocompasión.

La culpa es una espléndida manera de ganarse la compasión de la gente. Existe la tendencia de creer que, si te sientes lo suficientemente culpable, a la larga quedarás exonerado de tu mal comportamiento. Vivimos en autocastigo y boicoteamos nuestras vidas.

¿De qué manera podemos superar la culpa?

Cuando se presenta la culpa, el reto es convertir ese sentimiento en lo siguiente:

* Una señal que sirva para cuestionarnos cómo hacemos lo que estamos haciendo. A veces es bueno que nos encontremos en entredicho, las revisiones personales posibilitan nuestro enriquecimiento.
* Un momento de reflexión y análisis de por qué surge la culpa, sin desvalorizarnos ni hundirnos en el desasosiego y el sufrimiento.
* Un diálogo interior que nos lleve a designar y concretar cuál es la conducta por la que sentimos la culpa.
* Soluciones o, en su defecto, alternativas para reparar el daño causado.
* Disculpa para las personas afectadas por nuestra conducta, empezando por nosotros mismos.

**El sentimiento de culpabilidad no cambiará
el pasado ni hará que uno sea una persona mejor.**

Pregúntate lo que estás evitando en el presente por culpa del pasado. Al trabajar en este sentido eliminarás la necesidad de culpa.

Empieza por aceptar en ti mismo cosas que tú has escogido, pero que le pueden disgustar a cierta gente: tus padres, jefe, vecinos o incluso tu cónyuge, quienes pueden tomar una posición contraria a la tuya en algo que tú puedes pensar que es muy natural.

Trata de enseñar a las personas que pertenecen a tu círculo de personas cercanas, y que intentan manipularte por medio de la culpa, que tú eres muy capaz de enfrentarte con las desilusiones que les provoque tu conducta. El resultado tardará en llegar, pero el comportamiento de aquellas personas empezará a cambiar cuando vean que no te pueden forzar a sentirte culpable. Una vez que logres desconectar la culpa, la posibilidad de manipularte y de controlarte emocionalmente habrá desaparecido para siempre.

Es necesario considerar que la culpa es una emoción autoadulante, es una elección personal, es una reacción que podemos controlar si hemos entendido el mecanismo que la produce. Uno puede vivir culpable toda la vida, pero la emoción de sentirse libre de toda culpa es como haber recuperado la inocencia y la creatividad, como cuando, después de un día nublado, por fin sale el sol.

El miedo al abandono

La soledad desata todos los miedos de quien vivió el abandono en su infancia. Dichas personas viven en constante vigilancia hacia esta carencia; quien la ha sufrido, inconscientemente abandonará a sus parejas y proyectos en una etapa temprana para evitar enfrentar el temor a que lo dejen primero.

Su discurso sería: «Me voy yo, antes de que te vayas tú, no cuento con el apoyo de nadie, no voy a tolerar esto, si cruzas esa puerta ni siquiera se te ocurra volver a buscarme».

La herida del abandono se vive con el progenitor del sexo opuesto; la persona que la padece, cuando fue joven, se sintió rechazada por el progenitor del mismo sexo y abandonada por el del sexo opuesto. Cree que no puede lograr nada por sí misma y tiene la necesidad de que alguien resuelva sus problemas, parece perezosa, porque no le gusta hacer nada sola, necesita de otros para sentirse apoyada, siempre busca la opinión y la aprobación de los demás.

Tomando en consideración que la cercanía de los padres es un factor indispensable en los primeros años de vida, la herida ocasionada por el abandono es difícil de sanar. Una de las señales de que hay avances en este tema es cuando se puede estar a solas sin tener emociones abrumadoras, además de que el diálogo interior es más amable, positivo y esperanzador, ese juez interno que es implacable se esfumó.

El cuerpo de estas personas por lo regular presenta los hombros caídos, ojos grandes con un dejo de tristeza, con poco tono muscular. Si sientes que te identificas con estos conceptos, quizá la herida del abandono es un obstáculo para que avances en la vida.

En estos casos se presenta el miedo a la soledad, el temor a ser rechazados y las barreras invisibles al contacto físico, es decir, pareciera que las personas son un puercoespín que no permite la cercanía. Éstos son elementos que aquellos que han tenido experiencias de abandono necesitan trabajar a fondo.

CAPÍTULO 3

Celos, infidelidad y violencia

....

Lo único que me duele de morir es que no sea de amor.
GABRIEL GARCÍA MÁRQUEZ

El miedo al abandono y el miedo a la invasión son temores producto de nuestras primeras relaciones significativas y que la vida de pareja amplifica.

Es común encontrar relaciones donde ella tiene miedo al abandono, lo cual la hace ser dependiente y él tiene miedo a que lo invadan; ella piensa que su amor lo cambiará, que es tímido, que sólo necesita un buen pretexto para acercarse, establece estrategias, quiere controlar, busca asegurarse de que permanecerá; él se abruma por la excesiva cercanía, se percibe despojado de su individualidad, es como si se lo tragaran, no está dispuesto a ceder y huye, especialmente hacia los brazos de otras mujeres; ella entra en pánico cuando siente la competencia y él escapa más. Quedan atrapados en un círculo vicioso porque en ambos hay miedo al dolor.

Por el solo hecho de amar necesitamos hacer frente a diversas situaciones, sufrir es un riesgo del amor, así como el desamor, el abandono, los celos y la infidelidad; si a esto le sumamos el miedo al compromiso, comprendemos por qué construimos vínculos débiles que se disuelven fácilmente, por eso la tasa de divorcios se incrementa cada día.

Tememos a la entrega, al amor, a lo que implica el esfuerzo de enfrentar la adversidad por la que toda pareja transita ocasionalmente.

Nos resistimos a ser vulnerables a la posibilidad de pérdida, nos llenamos de miedo porque cuando nos entregamos estamos en carne viva, sentimos intensamente, nos acercamos al más preciado tesoro: ser queridos sin condiciones; pero ese amor no llega, no porque no exista, sino porque nadie nos va a querer como nosotros deseamos ser queridos.

A veces los seres humanos tocamos fondos impensables, con tal de que el otro no nos abandone, nos quedamos a ver si la relación mejora a pesar de estar conscientes de que es una relación disfuncional, que podríamos identificar si reconocemos lo siguiente:

* El amor duele y se convirtió en una situación irracional.
* El maltrato y las humillaciones cada vez son más.
* Se vive en absoluta indiferencia, no existe el deseo de resolver las cosas, además de estar distantes uno del otro.
* Cuando están en pareja se sienten estresados.
* Establecieron una relación enfermiza.
* Los vínculos han sido traicionados, hay promesas incumplidas, sentimientos pisoteados y agresiones psicológicas.

Ante una relación tóxica perdemos la ilusión, dejamos de buscar nuestros proyectos y nos alineamos a lo que la pareja quiere.

Nos convertimos en una pálida imagen de lo que éramos en la adolescencia, esos primeros años de vida cuando estábamos llenos de planes, de sueños, hasta que un día, más allá de las fantasías, llegó a avasallarnos la realidad, y después de una que otra relación fallida, terminamos dándonos por vencidos, pues hemos aguantado más de lo que hubiéramos pensado, vivimos en relaciones tóxicas, nosotros mismos sin darnos cuenta tenemos conductas tóxicas, pero al ser cotidiano terminamos por verlo normal, queremos huir de esta situación, sin embargo, cada vez nos sentimos más atrapados en esta historia de la cual no sabemos cómo salir.

> **Reconocemos que no está bien, intuimos que hay una forma diferente de vivir, pero no sabemos dónde encontrar la puerta de salida.**

Al sentirnos impotentes para cambiar, nos engañamos, pues con tal de tener a alguien a quien llamar «pareja» estamos dispuestos a pasar por alto lo que sea, pero no es una relación verdadera, porque no tenemos afecto, intimidad, confianza, proyectos en común, entre otras características, y nos justificamos afirmando: «No importa que mi esposa sea pésima amante, mala ama de casa, desobligada como mamá o poco tierna, porque es confiable, sé que jamás me abandonará», «Mi marido es frío, mujeriego, cínico y pésimo padre, pero es estable, constante, predecible y perseverante en la relación; total, mientras yo sea la catedral, puede seguir con sus capillitas, lo importante es que haga lo que haga, tengo la garantía de que siempre se mantendrá a mi lado».

La historia afectiva de estas personas está marcada por despechos, infidelidades, rechazos, pérdidas o renuncias amorosas que no han podido ser procesadas adecuadamente.

El discurso es: «prefiero un mal matrimonio a una buena separación», ya que el objetivo es mantener la unión afectiva a cualquier costo y que la historia de abandono no vuelva a repetirse.

¿Qué son los celos?

Infinidad de canciones, historias, obras pictóricas y literarias, como *Otelo*, de William Shakespeare, se han dedicado al tema de los celos, hasta dónde nos puede llevar este sentimiento que deja huellas imborrables en quien lo padece.

El amor y los celos están íntimamente ligados. La emoción que da origen a los celos es la envidia.

Quizá en alguna ocasión «el primo de un amigo» te platicó cómo es el proceso de los celos: dudar, sentir temor, comprobar y despertar una ira descomunal.

Los celos son el temor a perder al ser querido, que cuando se salen de control pueden ser el infierno para una persona, ya que el deseo por controlar permanentemente a su pareja y sospechar de todo la imposibilita para ser feliz.

Puede haber un acceso violento en el que el celoso reclame al infiel el dolor que le causa, en algunos casos éste negará las cosas y dirá que todo es parte de su imaginación; en casos más extremos le puede decir que es su vida privada y no tiene derecho a meterse.

Una vez que entras en esta dinámica, es una espiral descendente sin fin, tú puedes decidir terminar con esta manera de relacionarte ahora, y para empezar hay que observar la patología que la respalda.

Por lo regular el infiel se siente amado cuando tiene a varias personas reclamando su afecto, con frases como: «Yo quiero una pareja de verdad, ya no me quieres como antes, yo que dejé todo por ti». El celoso se siente amado cuando logra vencer a sus adversarios.

Estas personas tienen una baja autoestima con pensamientos como: «No valgo lo suficiente, ¿por qué me va a querer?», «Seguro me está engañando». Tienen dificultad para valorarse a sí mismos. Vivieron abandono en la infancia o se criaron bajo la educación rígida y descalificadora de padres exigentes y muy críticos. Tuvieron dificultad para tener vínculos afectivos sanos, pues siempre seguían modelos poco útiles.

....

Temer a la soledad y el abandono distorsiona las relaciones, por lo mismo con frecuencia las personas no saben si actúan por amor o por miedo.

....

Por lo pronto profundicemos en este mundo de emociones negativas, puesto que a pesar de haberlas vivido no logramos comprenderlas. Dichas emociones nos han llevado a sentir dolor, odio, tristeza, miedo, desconcierto, desconfianza, arrepentimiento, comportamiento errático, dudas, disociación constante y culpa.

Cuando una pareja vive una infidelidad, más allá del evento en sí, dado todo el caos y dolor que desencadenan se rompe la confianza, se sienten traicionados, heridos, dolidos, desprotegidos, abandonados, en un sentimiento de vacío.

El engañado se culpa y siente que sucedió porque no vale lo suficiente o ya no atrae a su pareja, teniendo un sentimiento de inferioridad, y puede llegar a sumirse en una profunda depresión.

La mayoría de las personas nos relacionamos en una búsqueda de seguridad, cuando sucede una infidelidad esa seguridad se transforma en un sentimiento de pérdida. El amor se fractura y en su lugar queda un resentimiento.

La definición de infidelidad varía en muchos niveles, puesto que intervienen los acuerdos y las convenciones sociales. Lo que una pareja consideraría como una infidelidad, quizá para otra sólo podría ser una fantasía por cumplir. Puede ir desde el intercambio de mensajes por correo o celular, hasta un encuentro de tipo sexual o mantener una relación afectiva con alguien más.

Ser fiel es uno de los puntos que generalmente las parejas ponen en los estándares más altos cuando eligen a su compañero. De hecho, uno de los acuerdos a los que llegan las parejas durante el noviazgo es el de que «nunca se perdonarán» una infidelidad.

Las relaciones de pareja cambian, a veces crecen y evolucionan, si no es así viene el deterioro, pues después de algunos años ya no se sienten esas mariposas en el estómago, por lo mismo el saber cuáles son las etapas del amor nos puede ayudar a acercarnos como pareja o a llegar al tan temido final. Las relaciones pasan por las siguientes seis etapas:

1. Enamoramiento

Es el momento de las emociones intensas, cuando el deseo se magnifica y queremos estar junto a la persona que amamos. La pasión, con o sin actividad sexual, es un ingrediente fundamental en esta etapa, plena de fantasía y creatividad, con la que buscamos sorprender a nuestro amor; llenos de entendimiento y comprensión vemos sus maravillosas virtudes, el solo hecho de pensar en él o ella provoca que nos dé un vuelco el corazón y rebosamos de felicidad, queremos investigar cada rincón de su cuerpo y su existencia, lo que vemos es pura perfección, lo último que queremos es tener un conflicto o discusión, por eso pasamos por alto «algunos detallitos insignificantes», como la impuntualidad, actitudes violentas, comentarios misóginos o misántropos y abusos.

No vemos los focos rojos como podría ser que no nos presenta a su familia porque su mamá está muy delicada, que llegó a tener un conflicto legal por haber golpeado a una expareja, que no pase pensión a sus hijos, que tenga muchos secretos y misterios, que ya no soporta a su pareja y está a punto de divorciarse, o que comente que su divorcio fue provocado porque su pareja descubrió que le era infiel, entre muchas otras cosas.

2. Conocimiento

Esta etapa es cuando tras el enamoramiento llega el conocimiento profundo e íntimo por la pareja. Se empiezan a reconocer las diferencias y *detallitos* de ambos.

Cada persona es tan única y especial como su huella digital, y en esta etapa es cuando, al mostrarnos tal como somos, en totalidad y autonomía, a través del trato continuo, en las experiencias y vivencias, se esfuma la idealización y empezamos a ver quién es en realidad la otra persona.

En esta etapa quizá te das cuenta de que tiene mal aliento, no te gusta que ronque al dormir, la familia política no te parece tan agradable, no tienes la seguridad de que sus planes a futuro sean similares a los tuyos, no te gusta la forma en que mastica, o cómo presiona el tubo de la pasta dental, preferirías que borrara a sus exnovias de sus redes sociales, esa relación tan estrecha con su ex te hace sentir incomodidad.

3. Convivencia

Tras un periodo de conocimiento en el que el enfoque ha estado en la vida en común y los proyectos, se elige compartir la vida. La vida sexual disminuye su frecuencia por la rutina, las responsabilidades y ocupaciones. El amor es afectivo y respetuoso.

Es el momento en el que se aprende a sobrellevar las diferencias y a resolver los conflictos a través de acuerdos y negociaciones.

4. Autoafirmación

En esta etapa ya ha pasado el compartir todo sin medida, regresa la individualidad, tras ella las necesidades personales y la defensa de las mismas.

Es el momento de hacer las cosas por separado, actuando de manera inteligente al respetar el vínculo y compromiso que se estableció previamente.

En este periodo pueden llegar crisis personales no resueltas que causan conflictos en la relación. Tal vez extrañas tus reuniones los viernes por la noche con tu grupo de amigos, has dejado tu vida de lado por complacer a tu pareja y te das cuenta de que tienes que retomar las responsabilidades, no tienes la seguridad de quedarte en casa todo el tiempo y que sea él quien contribuye con todo el gasto, pues quien lleva las finanzas tiende a abusar del más vulnerable.

5. Crecimiento

Llegó el momento de profundizar la relación para hacerla más madura y estable.

Se establecen proyectos en común, como formar una familia; regresa la ilusión, la emoción y el entusiasmo por compartir lo que se ha decidido construir.

Hablar con tranquilidad acerca de los planes, definir cuál será el lugar de residencia, si tendrán hijos o no, cómo se distribuirán los ingresos y cómo quieren formar un patrimonio.

6. Adaptación

Surgen nuevos intereses y es momento de acomodarse a los cambios para consolidar la relación o tomar la determinación de separarse.

Para construir algo sólido a veces hay que renunciar a ciertas cosas que amamos y hacer otras que no nos gustan.

Amar y ser feliz son actos volitivos (es decir, de la voluntad), tú decides cómo, cuándo y dónde quieres amar y ser feliz, también la manera de relacionarse depende de ti, de lo que quieres. Recuerda que lo que está bien o mal depende de tu manera de pensar.

Hablemos de infidelidad

¿Has platicado con tu pareja con respecto al tipo de relación que quieres?

Resulta importante empezar con las siguientes preguntas:

* ¿Tu expectativa es que sea monógama?
* ¿Renuncias a tus proyectos para fortalecer el proyecto en familia?
* ¿Siempre supiste que querías ser ama de casa y estar al cuidado de los niños?
* ¿Eres de las mujeres a quienes no les importan las infidelidades con tal de que en su casa todo esté en orden, empezando por la economía?
* ¿Eres de los hombres que piensa que mientras no se enteren no haces daño?

La infidelidad es un tema muy controvertido, pues involucra al amor, la sexualidad y la intimidad.

Nos gustaría que nuestra pareja nos dedicara todo su tiempo y atención en exclusiva, ¿pero te has cuestionado de dónde nace el concepto de la monogamia? ¿Cómo se establecieron las primeras familias? La historia ha dado distintas interpretaciones a este tema.

Vayamos, por ejemplo, a la imagen de Eva, señalada como la causa de la perdición del hombre (que se sugiere es inocente) hasta nuestros días, misma que se ha reafirmado con la literatura, la historia, mitología y religión, entre otras.

La infidelidad es un tema muy complejo, podemos partir de la teoría de Fiedrich Engels (Prusia, 1820-1895). Marx y Engels desarrollaron una teoría sobre la opresión de la mujer, culminando en la publicación de *El origen de la familia, la propiedad privada y el Estado*, en 1884. Engels escribió *El origen...*, luego de la muerte de Marx, pero fue un trabajo conjunto, ya que utilizó las notas detalladas de Marx junto con las suyas.

Con base en esta publicación se define la construcción sociocultural que legitima y estigmatiza de forma diferenciada a hombres y mujeres en el orden social instaurado por el patriarcado.

Éste no es un hecho nuevo, sino un fenómeno histórico y socialmente construido en función de épocas, necesidades; es multifactorial a nivel psicológico, social e individual.

Desde el comienzo de la civilización, con excepción de sociedades en las cuales está permitida la poligamia, la infidelidad ha constituido una práctica cotidiana, cuya interpretación depende del género, establecido por un patriarcado que impone sanciones concretas o simbólicas para las mujeres, independientemente del marco jurídico para cada sociedad, y premia la infidelidad masculina. Seguro habrás escuchado comentarios como los siguientes:

* Qué macho es mi compadre con todas las amantes que tiene.
* Mientras tengas para mantenerlas, quiérelas.
* Si la tiene como reina, no sé de qué se queja.
* Él es un hombre de su tiempo.
* Es una canita al aire.

Si la infiel es ella, lo que escuchamos es muy diferente, seguramente has escuchado frases como éstas:

* Pobre de mi compadre, qué mujer tan deshonesta, debería dejarla.
* Es una zorra.
* No tiene vergüenza.
* No tiene límite con sus puterías.

Eso sin tomar en consideración sociedades en las cuales la infiel es inmolada, apedreada, atacada con ácido, expulsada de la comunidad, condenada a muerte, torturada y su familia carga con el estigma por generaciones.

Este problema es más profundo que sólo buscar explicaciones en el patriarcado, aunque ha sido este último el que legitima e institucionaliza la relación de dominación, inscribiéndolo en una supuesta naturaleza biológica, al ser las mujeres quienes crían y educan a los futuros sujetos sociales, destinatarios del trabajo humano.

El sexo crea variación de descendencia, propagación de características ventajosas y elimina los rasgos desfavorables, aunque no sabemos a ciencia cierta cómo eran las relaciones económicas, sociales y sexuales en las primeras etapas del ser humano.

En el Paleolítico, la autosuficiencia era igual entre hombres y mujeres, la distribución era equitativa entre los miembros del grupo, había cooperación, la educación de las crías estaba a cargo del grupo; se sugiere que el protolenguaje se obtuvo gracias a las mujeres.

Era difícil conocer la paternidad, porque las relaciones sexuales no estaban controladas por la comunidad, eran libres; aunque existía cercanía emocional por la forma de tener relaciones cara a cara, las relaciones no eran duraderas y el único parentesco reconocido era la maternidad.

Las hembras copulaban con varios machos, aún no habían descubierto la relación entre coito y embarazo. Se infiere que los únicos personajes que podían ostentar el poder en la comunidad eran los chamanes en turno, a quienes se respetaba y temía. La recolección era vital para el grupo y la caza era complementaria a los vegetales.

La caza no era sólo cosa de hombres, ni era la actividad más importante. Al principio hombres y mujeres, al no tener un metabolismo apto para cazar, comían carroña. Conforme se adaptaron, ambos sexos conseguían alimento de los animales.

El hecho de que las mujeres menstruaban y los animales podían olerlas y huir o atacar, además de que criaran a sus vástagos, las hizo tomar conciencia de la importancia que tenían para el grupo y cómo las inclemencias del clima y ciertas actividades, como cazar, explorar y luchar, eran peligrosas para su integridad y el embarazo; por tanto, sus labores se centraron en la recolección.

Al perfeccionar la caza, la recolección fue necesaria para nutrir a los machos en las expediciones que hacían para conseguir insumos, así las mujeres alimentaban a los hombres y estos últimos al grupo completo, los machos eran personas entrenadas y vigilantes que expresaban agresividad.

Del sexo libre se pasó a una sociedad basada en parejas, con esto los hombres sabían quiénes eran sus hijos, y con la agricultura asentada, la propiedad privada se estableció.

Todo esto promovió nuevas formas de relacionarse, ayudó a la acumulación de bienes, además aparecieron los rangos y jerarquías: a mayor cantidad de bienes, mayor peso social.

> **En toda esta estructura, la opresión
> de la mujer es innegable.**

Desde que apareció el concepto de familia y se estableció la monogamia, la definición de infidelidad conyugal se refirió a toda clase de conducta contraria al principio de exclusividad de las relaciones sexuales entre los cónyuges.

Veamos algunos tipos de infidelidad:

1. **Directa:** en la que para el infiel es *normal* engañar a su pareja por ser parte de su cultura y lo hace con toda premeditación, planifica con detalle todo el proceso y no siente culpa.
2. **Indirecta:** en la cual no hubo intención inicial, pero los problemas maritales y la cercanía de alguien que escucha y comprende termina en una infidelidad, en este caso puede haber arrepentimiento.
3. **Virtual o en redes sociales:** es muy común actualmente. Vivir en la «era de las comunicaciones» permite que algunas personas elijan ser infieles por internet; es una manera de evadirse del mundo real con aparente

anonimato. Esta relación no necesariamente termina en un encuentro físico.

4. **Casual:** un encuentro fortuito en un lugar público que puede terminar en una relación sexual. Es común que no vuelva a repetirse y ni siquiera estén en contacto posterior.

5. **Emocional:** no necesariamente implica tener sexo, puede ser sentir algún tipo de enamoramiento con otra persona, que además es más común entre mujeres que entre los hombres.

6. **Sexual:** en la cual no hay un apego emocional.

7. **Adictos al sexo:** donde el objetivo es satisfacer la necesidad erótica obsesiva, sexo sin control.

8. **De aprobación:** para sentir la aceptación de otra persona o para anestesiar la sensación de soledad, sobre todo en personas que están en proceso de separación; con esa relación mitigan el miedo al proceso del desprendimiento.

Existen también parejas para quienes está permitido tener relaciones sexuales con otras personas, ya sea en presencia o en ausencia de su cónyuge. Les provoca excitación, es algo que está acordado y aceptado ya sea por cuestiones culturales o porque sienten que la novedad, unida a la complicidad, fortalece los vínculos afectivos.

¿Te has cuestionado quiénes son más infieles, si los hombres o las mujeres?

Una vez que la relación de pareja se ha establecido y ha pasado algún tiempo, es probable que algunos factores desencadenen el deseo de experimentar con otras personas, sin tomar en consideración que trae consecuencias para todos los involucrados.

En las parejas sanas, a medida que pasa el tiempo el amor se transforma en mayor compromiso, intimidad y confianza, cuando esto no sucede, una persona piensa que ha llegado el momento de ser infiel, especialmente si ocurre lo siguiente:

* Hay personas que de fondo no aceptan la monogamia y no establecen un compromiso real. Han dedicado su tiempo y atención a una sola persona, fingen ser fieles para no tener conflictos, pero viven esperando el momento propicio para dar rienda suelta a sus impulsos cortos.
* Cuando tu pareja ya no te estimula o no te da lo que necesitas, puede ser que la llama del amor se haya enfriado, que los hijos los absorban y no tienen tiempo de calidad. La pareja ya no te escucha, no tienen proyectos en común, no cubren sus necesidades emocionales ni sexuales, pues hace años que no se tocan.
* Hay un vacío emocional provocado por problemas no resueltos en etapas tempranas de la vida, donde hay exigencias desmedidas, hipervigilancia, acoso por parte de uno de los miembros de la pareja.
* Cuando la relación ya se murió, pero es cómodo mantenerse dentro por cuestiones sociales o económicas.
* Por venganza, para que nuestra pareja sienta el dolor que tenemos por su abandono y traiciones: ojo por ojo.

....

Pocas veces tomamos en consideración las consecuencias de echar una canita al aire, pero esto puede fracturar a toda la familia

....

La unión familiar se rompe. La relación se torna conflictiva, puede incluso llegar a la violencia en cualquiera de sus modalidades, además, donde hubo amor queda tan sólo resentimiento, inseguridad y desprecio, los hijos toman partido y participan de las peleas, todo se vuelve caos y hay malos tratos de unos a otros.

A veces, cuando la infidelidad se descubre es porque el infiel decidió abandonar a la familia por otra persona, dejando devastados a todos.

La confianza se acaba. Aunque la parte ofendida diga que puede perdonar de corazón, tomemos en consideración que la confianza es como un fino cristal, una vez que se rompe nunca vuelve a ser lo mismo, pues la víctima verá en cada acción de su pareja una señal de una nueva infidelidad.

Se refleja en la salud física. Quien ha vivido una situación de infidelidad conoce bien la carga emocional que esto supone, pues pierde el apetito, no duerme las horas adecuadas, se siente sin energía y sin ganas de hacer nada, descuida su persona e higiene; puede ser detonante para algún tipo de adicción latente.

Tanto al ser víctima como protagonista de infidelidad, la situación da lugar a sentimientos complejos nada fáciles de procesar. Por otro lado, en ocasiones puede existir una cierta lógica para entender cómo se ha llegado a esa situación, pero otras veces saber que esto sucede se siente como recibir un balde de agua helada.

El conflicto que ocasionan los celos y la infidelidad puede desencadenar temor por la pérdida, necesidades de satisfacciones narcisistas, búsqueda de la diferenciación y relaciones de poder.

Llevar los celos a grado extremo puede ser un síntoma del síndrome del Otelo, cuyo nombre deriva de la obra de Shakespeare, donde el personaje principal mata a Desdémona, poseído por unos celos enfermizos, los cuales son un delirio donde la persona que lo sufre está firmemente convencida de que su pareja le es infiel; obsesionada con ese pensamiento obsesivo muestra una serie de conductas manifestadas por la conducta compulsiva de encontrar pruebas que lo demuestren, por ejemplo, entrando en la computadora o buscando en el celular de su pareja. Puede tener conductas violentas, además de humillar al otro de manera constante.

En casos extremos la persona que padece del trastorno puede llegar a matar al objeto de sus celos; esto sucede si hay otro tipo de patologías con paranoia o delirio celotípico.

Cuando hay un delirio, se trata de un proceso irreversible con una serie de respuestas a esas ideas que son realmente graves.

Muchas veces los celos se alimentan con los comentarios de una persona malintencionada. En la obra de Shakespeare, Yago influye en Otelo, el primero siempre encontraba la manera de manipularlo con el fin de convencerlo de la infidelidad de su esposa. Los sujetos celotípicos pueden ser manipulables por las opiniones de otras personas o medios de comunicación, aunque no todos los celos son patológicos.

Distintos tipos de celos

* **Celos primitivos:** conllevan miedo a perder al ser amado y se pueden presentar en cualquier momento. Cuando aparecen, después de conversar la pareja y aclarar la situación, quedan en un estado de tranquilidad y de calma. Si es por una reacción emocional *normal*, son temporales, no afectan la vida de la persona que los padece, ni la de los demás.

* **Celos de segundo grado:** son producto del pasado. Al vivir una infidelidad y no resolverla, la información queda en el inconsciente porque no se elaboró su proceso de duelo y no se cerró esa pérdida. Por lo tanto, estarán vigentes ante cualquier situación y se proyectarán con el otro.

* **Reacción emocional desmedida:** aparecen con más frecuencia en las relaciones amorosas. Es común en mujeres con diferentes grados de dependencia. Quizá hubo antecedentes o no de infidelidad (ya sea personales, familiares o de amistades cercanas). Estas personas son controladoras y piden que el otro les despeje infinidad de dudas que nunca llegan a ser aclaradas, pero que en el momento en que la angustia pasa dejan de insistir.

* **Celos de tercer nivel o celotipia:** se trata de un trastorno de la personalidad, con ideas delirantes, complejo de persecución, la búsqueda de pruebas que den credibilidad a sus argumentos, las relaciones son tormentosas y cíclicas. Las respuestas que da el celoso son desorganizadas por el coraje que experimenta, originadas por los celos patológicos, quien los padece construye sus propias historias compulsivas, su

autoestima está dañada y normalmente tiene problemas en casa, en el trabajo o en la escuela. Su estructura de personalidad insegura de apegos tiene que ver con su historia de vida, un constante miedo a que lo dejen, es probable que su campo emocional esté desestructurado.

* **Celos infantiles:** se dan entre hermanos, son muy habituales y más ante la llegada de un nuevo bebé.
* **Celos laborales:** personas que focalizan sus fracasos, inseguridades y celos, y son incapaces de valorar el trabajo de los demás.

Los celosos tienen personalidades desconfiadas, suspicaces, son hipervigilantes y por lo mismo quieren condicionar la vida del sujeto y del entorno. Afectan todas las áreas: relaciones familiares, amorosas y trabajo, etcétera.

Son fríos, calculadores, buscan y encuentran amenazas donde no existen, están convencidos de que lo que piensan es una *verdad* indiscutible.

> **Si dejáramos de pensar que el otro nos pertenece, los celos no existirían.**

Los seres humanos por naturaleza nos apropiamos de lo que tenemos alrededor, nos quedamos con algo porque nos gusta, nos hace bien, porque alguien más lo tiene, lo disfrutamos, por lo mismo queremos que esté a nuestras órdenes cuando así nos apetezca. Sin embargo, no podemos esperar que el otro sea como una cosa que está a nuestra disposición.

Para que una pareja sea sana requiere que haya autonomía en cada uno, que tengan una vida satisfactoria, propia y en conjunto, esto hace que se fortalezcan los vínculos.

El anhelo de poseer a una persona es producto de la inseguridad del celoso, el miedo excesivo a perder a la pareja indica que no somos capaces de ser felices con nosotros mismos.

Lo fundamental es ir a la raíz que genera los celos, al autorrechazo destructivo. Porque es normal que haya aspectos nuestros que no nos gusten o que desearíamos mejorar, pero cuando rechazamos estas partes de manera destructiva, en lugar de transformarlas las dañamos más con nuestros pensamientos y acciones.

Los celos no son producto del amor, sino de un deseo egoísta.

A nadie le gusta tener a una especie de policía que vigila cada uno de nuestros movimientos, y que también hace las veces de juez implacable que critica nuestra forma de vestir o nos dice a dónde podemos ir o no. O que vive espiando tus mensajes en el celular o revisa tus correos, te llama varias veces al día, cuando te ve empieza esos largos interrogatorios, hace preguntas inocentes a tus amistades para ver en qué momento hay versiones diferentes que puedan indicar una mentira.

Una persona que ha tenido graves problemas de celos requiere de ayuda profesional, para resolver los asuntos inconclusos del pasado que la llevan a tener esas conductas.

El celóso no sufre por lo que ve,
sino por lo que imagina.

En el proceso entre la infidelidad y los celos, cuando éstos llegan a un grado extremo, hacen que la violencia se convierta en una variable constante.

La violencia

El ciclo de la violencia consta de tres partes:

1. Acumulación de tensión.
2. Episodio agudo de violencia.
3. Etapa de calma, arrepentimiento o luna de miel.

El maltrato continuo genera en la mujer un proceso patológico de adaptación denominado síndrome de la mujer maltratada, que presenta las siguientes características:

* **Pérdida del control:** consiste en la convicción de que la solución a las agresiones le es ajena, la mujer se torna pasiva y espera las directrices de terceras personas.
* **Baja respuesta conductual:** la mujer decide no buscar más estrategias para evitar las agresiones y su respuesta ante los estímulos externos es pasiva. Su aparente indiferencia le permite exigirse y culpabilizarse menos por las agresiones que sufre, pero también limita su capacidad de oponerse a éstas.

* **Identificación con el agresor:** la víctima cree merecer las agresiones e incluso justifica la conducta del agresor ante críticas externas. Es habitual el síndrome de Estocolmo, que se da frecuentemente en secuestros y situaciones límite con riesgo vital y dificulta la intervención externa. Por otra parte, la intermitencia de las agresiones y el paso constante de la violencia al afecto refuerza las relaciones de dependencia por parte de la mujer maltratada, que empeoran cuando la dependencia también es económica.
* **Indefensión aprendida:** tras fracasar en su intento por contener las agresiones, y en un contexto de baja autoestima reforzado por su incapacidad por acabar con la situación, la mujer termina asumiendo las agresiones como un castigo merecido.

En ocasiones, las mujeres permanecen con su pareja violenta porque creen que las alternativas son peores a su situación. Se convencen de que las cosas no están tan mal y piensan que son ellas las que incitan a la violencia por no haberse quedado calladas, se culpan y se censuran.

Hay que destacar el síndrome de indefensión aprendida, tan estudiada por el psicólogo Martin Seligman, porque los malos tratos nunca vienen por un motivo concreto. Al ver que no hay manera de evitarlos se quedan paralizadas, se inmovilizan. Por eso desde fuera da la impresión de que la mujer no quiere remediar el problema.

Las mujeres involucradas en estas situaciones, impulsadas por su desvalorización, no perciben la humillación que implica el esfuerzo de intentar arrancar amor, interés o cuidados auténticos a quien no puede o no quiere darlos o sentirlos. Ante los actos de violencia se culpan y sienten que merecen ser castigadas por cuestionarse los valores ideológicos que sostienen a la familia, por no asumir adecuadamente su papel de madre y esposa. Por eso intentan adaptarse a los requerimientos de su marido, para ser aceptadas y no maltratadas, asumiendo un papel de subordinación, con las falsas expectativas de que si ella se comporta bien no dará lugar a que su marido la maltrate.

Violencia económica

No sólo los golpes y las agresiones verbales son violencia, también existen otras formas de maltrato, y una de ellas es la violencia económica. El abuso económico no es inofensivo, es una agresión que transgrede el derecho fundamental a la subsistencia, del cual toda mujer debería gozar plena y dignamente.

El abuso económico transgrede el derecho fundamental a la subsistencia. Una persona que no tiene independencia económica está a merced del abusador, quien logra manipularla para ejercer sobre ella el poder que el dinero le otorga.

La violencia económica es una forma de violencia doméstica, donde el abusador controla todo lo que ingresa, sin importarle quién lo haya ganado, manipula el dinero, dirige y es el dueño absoluto de todos los bienes. Éste es el segundo tipo de agresión más frecuente que padecen las mujeres, después de la violencia emocional.

El agresor puede incidir de dos formas frente a su pareja:

1. **El proveedor por excelencia.** En la casa no falta nada, el refrigerador está lleno, todos los servicios pagados, pero ¡todo! es de él. Decide hasta qué cortinas y

muebles decoran el hogar; controla cada peso, supervisa todo lo que gasta la mujer, no le da efectivo (todo es con tarjeta, pues así vigila y controla los gastos), y amenaza con quitarle todo, hasta quedarse con los hijos. El agresor le hace creer a la mujer que, sin él, ella no podría ni siquiera comer, y mucho menos reconoce el trabajo doméstico que ella realiza, porque considera que es su obligación.

2. **El agresor que «vive de su mujer»**, y a pesar de que ella mantiene el hogar, éste se atribuye la postura de manejar todo el patrimonio, como si fuera el dueño absoluto, y de esa forma fiscaliza y supervisa todos los gastos, ingresos y demás decisiones. Este tipo de agresor actúa de manera muy sutil, dice que no tiene dinero, que tiene que ayudar a su madre, que le robaron la cartera, que le bajaron el sueldo (nunca dice cuánto gana), algunos incluso tienen sus cuentas y bienes a nombre de otros. La mujer no tiene acceso a una chequera ni a tarjetas de crédito. Tiene que dar cuentas de todo lo que gasta. Ella no puede participar en las decisiones económicas del hogar y, si trabaja, tiene que entregar su sueldo. El agresor le niega el dinero suficiente para satisfacer sus necesidades elementales (comer, vestir, recrearse, un lugar digno para vivir o tener derecho a una clínica de salud).

Violencia patrimonial

Son todas acciones u omisiones que ocasionan daños o menoscabos en los bienes muebles o inmuebles de las mujeres y de su patrimonio. Consiste en la sustracción, destrucción, desaparición, ocultamiento o retención de objetos, documentos personales, bienes, valores o recursos económicos, percepción de un salario menor por igual trabajo, explotación laboral, exigencia de exámenes de no embarazo, así como discriminación para la promoción laboral.

Esto tiene serias repercusiones sobre la autoestima y el empoderamiento de las mujeres. Muchas mujeres se convierten en mendigas en sus propios hogares, al tener que pedir dinero para cubrir las necesidades básicas de la familia. Cuando las mujeres se ven obligadas a asumir solas el cuidado y mantenimiento de los hijos debido a la irresponsabilidad de los padres, se vuelven más vulnerables a caer en la pobreza extrema, pues la mayoría no tiene empleo ni cuenta con otra fuente de ingresos.

Violencia hacia los hombres

El maltrato físico y psicológico hacia algunos hombres no es muy diferente del que sufren las mujeres, el asunto es que es menos probable que un hombre lo hable, lo denuncie o pida ayuda, pues la sociedad sigue teniendo muchos tabúes y la imagen del hombre debe ser fuerte y superior.

Al igual que en el caso de la mujer, el hombre maltratado teme que su pareja lo deje si denuncia, tiene miedo de perder su amor o provocar más ira.

Los hombres maltratados suelen tener poca confianza en sí mismos, baja autoestima y dudan de su valía. Son más pasivos que la mujer con la que están y toleran las vejaciones. Buscan constantemente la aprobación de la pareja.

Es probable que hayan tenido padres violentos, pues además de ver en la pareja a una figura maternal castigadora, consideran los malos tratos como algo *normal*. Su concepto del amor es sinónimo de sacrificio y tienden a la dependencia.

No contemplan la forma de salir de esa relación y sobrevaloran a la otra persona (el maltratador), la idealizan, creyéndose inferiores, de esta forma no se ven capaces de poder seguir adelante solos.

Violencia hacia los hijos

No golpees o grites a tus hijos, lejos de educarlos estarás dejando huellas imborrables que los afectarán a lo largo de su vida, y ¡no!, la frase de «a mí me pegaron y no me pasó nada» no es válida, siempre quedan secuelas, aunque no seamos conscientes de ellas.

Tampoco es buena idea ponerlos al frente del salón en la escuela y exponerlos ante sus compañeros castigándolos por su mal comportamiento, esto, aunque es una salida fácil, lejos de permitirles reconocer sus errores, dejará una sensación de miedo y vergüenza.

Este tipo de correctivos afecta el aprendizaje, porque si el niño no se siente cómodo, seguro y protegido, su cerebro activará el modo de supervivencia y bloqueará la entrada de nueva información. El miedo que siente el niño se va directamente al sistema límbico, a la amígdala, cuyo papel principal es el procesamiento y almacenamiento de reacciones emocionales.

La amígdala participa en una gran variedad de funciones, pero destaca el mantenimiento de nuestros recuerdos y diversos aspectos de la memoria. En muchas ocasiones los hechos se relacionan con una emoción muy intensa: un hecho de la infancia, la pérdida de una persona querida, una situación de gran estrés o terror.

¿Cómo educar a nuestros hijos sin premios ni castigos, y mucho menos golpes o agresiones verbales?

La disciplina positiva es una manera de educar sin reprender, esta iniciativa la promovió desde 1981 la terapeuta Jane Nelsen, que mencionó: «¿De dónde hemos sacado la loca idea de que, para que los niños se porten bien, primero deban sentirse mal?»

La disciplina positiva básicamente se trata de métodos que no están basados en castigos y sí son muy respetuosos, pues utilizan la amabilidad y la firmeza en la educación familiar. Dicha disciplina se asienta en los siguientes cinco criterios:

1. Ayuda a los niños a tener un sentido de conexión, brindándoles pertenencia y significado.
2. Es respetuosa y alentadora, es decir, amable y firme al mismo tiempo.
3. Es efectiva a largo plazo, pero considera los pensamientos y sentimientos del niño, dándole también oportunidad de decidir sobre sí mismo y sobre su propio mundo.
4. Enseña habilidades sociales y de vida a través del respeto, la preocupación por los demás, resolución de problemas, cooperación y habilidades para aportar en su hogar y su entorno.
5. Invita a los niños a descubrir sus capacidades a través del uso constructivo de su propia autonomía.

El miedo al rechazo

Es una herida muy profunda, pues implica el rechazo de nuestro interior. Con interior me refiero a nuestras vivencias, a nuestros pensamientos y a nuestros sentimientos.

En su aparición pueden influir múltiples factores, tales como el rechazo de los progenitores, de la familia o de los iguales. Genera pensamientos de repudio, de no ser deseado y de descalificación hacia uno mismo.

La persona que padece esta dolorosa experiencia no se siente merecedora de afecto ni de comprensión y se aísla en su vacío interior por el miedo de ser escindida. Es probable que, si hemos sufrido esto en nuestra infancia, seamos personas huidizas. Por ello debemos trabajar en nuestros temores, nuestros miedos internos y esas situaciones que nos generan pánico.

Si es tu caso, ocúpate de tu lugar, de arriesgar y de tomar decisiones por ti mismo. Cada vez te molestará menos que la gente se aleje y no tomarás como algo personal que se olviden de ti en algún momento.

CAPÍTULO 4

Una limosnita de afecto
por el amor de Dios

....

La negación sólo es útil, noble y piadosa cuando
sirve de tránsito a una nueva afirmación.
JOSÉ ORTEGA Y GASSET

¿Qué mayor rechazo a uno mismo que no hablarse con la verdad a pesar de la evidencia, con tal de no estar en soledad?

No hay nada más doloroso que estar mendigando un poco de afecto a una persona que no nos ama, aguantar frialdad, infidelidades, maltrato, desinterés, falta de compromiso, el alma se siente vacía, nace un gran deseo por encontrar la forma de que cambie, de poner en su lugar a ese mal ser humano o un profundo deseo de terminar la relación, pero no te puedes ir, siempre hay una justificación más grande que la otra, para no dar ese paso. ¿Qué nos detiene?

....

¿Cuál es esa gran fuerza invisible que nos ata y nos mantiene viviendo insatisfechos?

....

Es posible que un niño que nace en un hogar disfuncional, en su proceso de adaptación a la vida, no tenga la capacidad de discernimiento para darse cuenta de que los adultos que lo cuidan cometen errores y se equivocan; él se ve a sí mismo como un error o una equivocación, se llena de miedos porque no recibió el acompañamiento y consuelo que se requiere los primeros años de vida, para aprender a enfrentar los momentos inciertos, si en casa hay gritos, problemas económicos, abandonos, pérdidas y en ocasiones violencia o adicciones, utilizará la fantasía para poder sobrevivir en un mundo tan difícil; algunas veces soñará despierto con que ayuda a sus padres, otras con que es un superhéroe que puede volar y es poderoso, habrá veces que se vea a sí mismo perteneciente a otra familia o simplemente deseará ser otra persona, con una vida distinta, todo con tal de no sentir el dolor de estar presente; estará mental y emocionalmente en todos lados a la vez, esto le generará graves problemas en la escuela porque no podrá poner atención a la maestra, es probable que lleve a cuestas el fracaso escolar, lo cual le hará sentirse peor consigo mismo, y de adulto sus fugas mentales lo llevarán al desorden en todas las áreas de su vida. Esta situación es muy común y tiene una razón de ser.

Hablemos del autoengaño y otros demonios

¿Cómo evitamos darnos cuenta de las cosas? A veces parece como si tuviéramos la capacidad de anestesiarnos para evadir las cosas, el problema radica en evadirnos de la realidad.

¿Cómo puede una persona conocerse y no admitirlo?

Aunque en teoría una persona no podría mentirse a sí misma sin afectar su bienestar, utilizamos el autoengaño como un mecanismo compensatorio, precisamente cuando la realidad es tan abrumadora (sobre todo cuando hay grandes pérdidas o sentimos que nuestra integridad está en peligro) que en ese momento no es posible procesarla, basta con observar a otros y sus conductas para darnos cuenta de que es un mal que nos afecta a casi todos.

Adoptamos posturas infantiles, como si al no ver las cosas no existieran. Si bien esta actitud nos puede llevar a enfrentar las cosas con menos angustia y ansiedad, también nos puede llevar a no tomar las acciones adecuadas en momentos de crisis. Por ejemplo, ante una enfermedad grave, al rechazar el diagnóstico, minimizar su seriedad, no reflexionar o hablar sobre ello. O un problema legal que dejemos que crezca, una relación de pareja que pensemos que se reparará sola y lo único que logramos con ello es que un pequeño problema se convierta en una fractura irreparable.

Los seres humanos disponemos de infinidad de trucos para mantenernos ajenos a la realidad. Además de la negación, se utilizan mecanismos de defensa como la racionalización, que permite ocultar los verdaderos motivos bajo una explicación lógica, o la atención selectiva, mediante la cual se percibe lo que interesa, mientras se ignora el resto.

Estos mecanismos de defensa brindan un refugio y son en cierto modo necesarios, pero al mismo tiempo condicionan nuestra manera de percibir y reaccionar frente al mundo. Como individuos, somos recopiladores y observadores de nuestra propia realidad y, a pesar de desearlo, rara vez somos imparciales. La mayoría solemos atribuirnos con mayor facilidad los éxitos que los fracasos, exculparnos y ver la paja en el ojo ajeno. Aunque otras personas tienden a interpretar que la razón siempre está en su lado.

La capacidad para mirar hacia otro lado también se ha mostrado fundamental para forjar las relaciones humanas. Se necesita cierta dosis de engaño para mantener la discreción, encubrir cuestiones embarazosas o proteger la integridad de otra persona. Sin embargo, también nos servimos del autoengaño para fines menos honorables, como embaucar a los demás, ocultar aspectos indeseables de uno mismo, lograr un objetivo a toda costa, etcétera.

¿Existe un equilibrio óptimo entre autoengaño y verdad?

Un concepto útil es el de la verdad soportable. Se puede apostar por reconocer la realidad, pero dándose tiempo para digerir poco a poco la información que resulta difícil. La mentira y la simulación terminan creando una terrible desconexión, ignorando quiénes somos y qué deseamos. Por eso, lo más importante quizá sea mantener un pacto de honestidad con uno mismo. A ese pacto ayudará reconocer que la realidad es mucho más amplia de lo que se cree. Sin embargo, puesto que siempre resulta difícil detectar los propios trucos, se necesita el espejo de los demás. Con sus comentarios, sus críticas y elogios, y su visión distinta, las otras personas contribuyen a iluminar rincones que hasta entonces permanecían ocultos.

El juicio de divorcio
de Príncipe Azul y Princesa Encantada

Cuenta la leyenda que en el lejano País de la fantasía una vez que contrajeron nupcias el gallardo Príncipe Azul y la delicada Princesa Encantada tomaron posesión del Castillo del Autoengaño. Dicen los que saben que desde el primer capítulo les prometieron que iban a ser felices para siempre, pero esto no sucedió así, pues tan pronto como pasó la euforia de la novedad y llegó la resaca provocada por todas las descargas de endorfinas, dopamina, serotonina, testosterona y demás químicos que los mantenían en una especie de borrachera llamada «enamoramiento», se corrió el velo de las expectativas no alcanzadas. La rutina y el aburrimiento convirtieron a Encantada y Azul en una especie de gallitos de pelea, los problemas fueron escalando. Ocho años y veinte kilos después querían el divorcio por «diferencias irreconciliables».

El salón principal del Palacio de Justicia era una obra de arte, de altos techos, amplios espacios; el blanco mármol hacía que el lugar se viera más iluminado y las largas cortinas de terciopelo rojo hacían un contraste dramático, las sillas podían tener cómodamente sentado a la mitad del reino, el lugar estaba adornado con flores tropicales (a petición de la Princesa, que se pensaba primero muerta que sencilla, sobre todo por lo afectada que estaba por la vergüenza de solicitar el divorcio, total, la cuenta la pagaba Azul), al frente se encontraba un altísimo escritorio, sobre él un micrófono, una jarra con agua y el mazo de la justicia.

El heraldo, apostado en la puerta de entrada, golpeó tres veces el báculo en el piso para anunciar primero el acceso de los abogados, quienes entraron con calculadora en mano haciendo cuentas de cuánto dinero les iba a dejar ese eterno pleito. En segundo lugar, entró «su señoría» el juez Impío, quien compensaba su cortísima estatura con una gran toga, la más larga que se hubiera usado antes. El juez subió al enorme escritorio para ver hacia abajo a todos y con eso compensar su complejo de inferioridad. En último lugar, así como lo indicaba el protocolo, con un toque de las trompetas se anunció la llegada de «sus graciosas majestades» la Princesa Encantada y el gallardo Príncipe Azul, quienes además ostentaban otros títulos: «condes de no voy a ceder jamás», «marqueses de la culpa la tienes tú», «duques de primero muerto que confeso».

El juez golpeó dos veces con el mazo para abrir el juicio. Volteó a ver a los quejosos y les preguntó:

—¿Qué los trae por aquí?

Encantada y Azul hablaron al mismo tiempo, bueno, más que hablar, ellos gritaban y no se les entendía nada, el juez Impío pegó con el mazo para poner orden y exclamó:

—Uno a la vez.

—Su señoría, no quiero continuar con este matrimonio, Azul no es lo que parecía cuando lo conocí —espetó Encantada.

—Tampoco yo quiero continuar, Encantada cambió mucho, está loca y exijo que los niños queden bajo mi custodia —secundó Azul.

—Momento, el divorcio es entre ustedes y no voy a permitir que se agarren a *niñazos*, ellos no tienen la culpa —intervino el juez.

—Su Señoría —dijo Encantada—, cuando conocí a *este* Azul me dijo que iba a cuidar de mí, que a partir de ese momento yo iba a ser feliz y me iba a sentir amada, que él se encargaría de pagar generosamente todas las cuentas; al principio me dijo que él siempre tenía tres novias, cuando le dije que yo no era de esa clase de mujeres, me prometió que me sería fiel hasta la muerte, que me escucharía, atendería, estaría pendiente de mis caprichos para cumplirlos uno a uno; además, así fue como me educaron. Pero cuando nos casamos algo le sucedió, se convirtió en otro. Se comporta violento cuando las cosas no son como las quiere, no me complace, se va de juerga todos los fines de semana, regresa oliendo a leña de otro hogar y dice que estoy loca, no me escucha, tengo que educar sola a los niños, además, es codísimo, siempre reclama que no tiene dinero, tengo que pedir permiso hasta para comprarme unos zapatos; si no fuera porque no tengo dinero ya no estaría aquí.

—Señora, usted se casó, inmediatamente supo lo violento, irresponsable y mujeriego de su marido ¿y aun así decidió tener hijos además de continuar?

—Sí, ¿qué tiene de malo? Si él hubiera querido, con mi amor hubiera cambiado.

El juez levantó la mirada y los hombros al cielo en señal de intolerancia, luego volteó a ver a Azul.

—Cuando conocí a Encantada siempre estaba arreglada, me daba toda su atención, siempre estaba de buen humor, cuando iba a visitarla me atendía con esmero, sonriente, tenía conflictos con su mamá, pero bastó con casarnos para que se pasara en casa de la mamá todo el día. Está de mal humor todo el tiempo, con los embarazos se puso gorda como su madre, no limpia la casa, ya no quiere planchar la ropa, me fiscaliza todo el día, no entiende lo mucho que me canso en el trabajo y ella no hace nada, quiere que llegue a ver los asuntos de los niños, no quiere comprender lo que es ser hombre en un mundo como éste. La envidio, nunca tiene que preocuparse de nada.

—Señor, cuando usted eligió como esposa a la Princesa Encantada, ¿estaba pensando en una compañera de vida o estaba contratando una persona de servicio sin sueldo fijo? Suficiente —dijo el juez al momento que golpeaba con el mazo—. Para que este juicio de divorcio continúe, están obligados a recorrer cada uno de los locales de la Calle de la Realidad, una vez completada la tarea de veintiún días, regresan conmigo para disolver el lazo.

A ninguno de los dos les causó gracia tener que hacer el recorrido.

Azul esperaba impaciente con una pequeña maleta de rueditas, en la puerta del castillo, a

Encantada, quien apareció después de una hora con siete maletas de las grandes y una enorme bolsa de mano. Azul se golpeó la cabeza con el dorso de la mano derecha en señal de intolerancia.

—¿Qué piensas hacer con todo eso? —le preguntó.

—Es lo que necesito para el recorrido —contestó ella—. No puedo vivir sin mis bolsas y zapatos, y ¿qué tal si se ofrece algo y no estoy a la altura de la situación?

—Mira, Encantada, no podemos llevar todo eso. Te invito a que sólo lleves una maleta grande, no estoy dispuesto a cargar con más.

Encantada, indignada, tomó lo más necesario y comenzaron su viaje.

Una vez que llegaron a la entrada de la calle en cuestión, encontraron un gran letrero que decía:

«Nadie está exento de caer en autoengaño, es una necesidad de refugiarse en la inconciencia para evitar asumir las consecuencias de los propios actos porque en ese momento no estamos preparados para enfrentar lo que está sucediendo, pues nos resulta muy desagradable; por lo mismo, se pretende fingir, ocultar o justificarse para salir airoso de un problema. Momentáneamente puede ser un alivio, pero, a la larga, un problema que no se enfrenta se repite o crece.»

El primer local se llamaba Las razones del lobo, su logo era la imagen de un cerebro.

Al abrir la puerta sonó una campanita, los príncipes entraron. Olía a una mezcla extraña de aromas, no eran desagradables, al contrario, pero eran distintos y les generaban incomodidad; detrás del mostrador se encontraba el señor Lobo, marino de profesión, pero cuando se jubiló puso la tienda de la razón.

—Qué gusto que nos acompañen —dijo el Lobo mientras los miraba por encima del arillo de sus lentes—. Por favor, siéntense —les dijo señalando la sala que se encontraba a su lado derecho, se acercó a la jarra que estaba en la mesa y les sirvió una porción generosa de chocolate humeante, sin preguntarles si querían; ambos estiraron las manos gustosos, hacía frío afuera y algo caliente les caería bien.

Encantada y Azul estaban en silencio, no entendían qué hacían en la sala del Lobo.

Las paredes estaban tapizadas con las fotografías que el dueño de la tienda había traído de sus múltiples viajes por el mar. Al notar su interés, comenzó a hablar:

—He viajado por los siete mares, he visto las criaturas más exóticas y raras que puedan imaginar, la experiencia me hizo tener lo que necesitaba para comprender el mundo y sus circunstancias, pero sólo hasta que estuve viejo pude entender a la persona más importante del mundo: a mí. No comprendía por qué a pesar de poner mi *mayor empeño* no lograba ser feliz. Hubo un momento en que pensé que estaba loco o que había nacido con alguna maldición que me condenaba a vivir frustrado para toda la vida. Con los años comprendí que soy un todo de varias cosas, por eso a veces actúo de maneras que hasta para mí son incomprensibles. Entendí que mi vida estaba marcada por mi historia, entorno y fisiología, esta última está dominada por el cerebro, que es quien manda, y no es lo que yo pensaba. ¿Por qué tanto engaño? ¿Y el sufrimiento? Cuando investigué a fondo me di cuenta de que había una razón para todo, aunque no siempre fuera lo óptimo.

»Muchas veces hice cosas sin querer, lastimé a otras personas, a mí mismo, no sabía que mi cerebro tomaba decisiones por mí, que en muchas áreas de mi vida no era mi parte consciente quien decidía, muchas veces lo hicieron mis miedos, el pasado, el tan temido futuro, pero todo cambió cuando supe que la historia que contamos de nuestra vida no es sólo los hechos en sí mismos, sino la interpretación que hacemos de ellos, pues la percepción consciente que tenemos de cada momento no es el proceso fisiológico que se da en los circuitos neuronales del cerebro, sino sólo la forma que éste tiene de hacer comprensible el resultado de ese procesamiento.»

Para comprender lo que está sucediendo a nuestro alrededor, el cerebro toma los hechos, hace una interpretación y llena los huecos con historias de las cuales ya hay información previa. Por eso, si alguien me ha sido infiel o en mi familia hubo infidelidad, cuando mi pareja no tiene claridad en lo que dice, mi primer pensamiento es: seguro me engaña con otro.

Si tomamos en consideración que la función primaria del cerebro es sobrevivir a toda costa, y en segundo lugar, reproducirnos, éste suplirá la información que le falta con fantasías y confabulaciones, con el afán de que no nos falte la información, aunque para este propósito la complete con historias falsas, pero consistentes, y así pueda encontrar forma o estructura en los hechos del presente, por tanto, nos engañará al recordar, cuando pensamos en nosotros mismos, al percibir la realidad que nos rodea, para que sintamos que todo está bajo nuestro control.

Aunque nos parezca increíble, nunca experimentamos el mundo de manera directa, cada pensamiento, cada sensación y sentimiento está mediado por nuestros procesos neuronales, pero el cerebro no necesita reconstruir la realidad tal como es, sino que utiliza una serie de estrategias y atajos neurales que nos permiten interactuar con el mundo de manera rápida y eficiente.

En los casos en que la discrepancia entre nuestra percepción y la realidad del mundo es muy diferente recurrimos a la fantasía; cada una de estas ilusiones revela algo fundamental en la forma en que nuestro cerebro funciona a diario.

Tenemos recursos cognitivos limitados, no podemos interpretar la realidad como es, por eso, cuando vemos algo diferente a lo que existe, podemos decir que el cerebro nos engaña con el objetivo de poder experimentar lo que vivimos cotidianamente. Es un mecanismo de adaptación.

El primer aprendizaje que tenemos en este viaje es que estamos tan acostumbrados a vivir ciertas historias que vamos a recrearlas una y otra vez, repitiendo los patrones conductuales que por ser conocidos nos dan seguridad, porque, además, no dejan de ser un espejismo que nos daña y no nos deja vivir en paz.

Tomar conciencia de esto hará que empecemos a tener reacciones diferentes, pues la mayor de las libertades de un ser humano es poder elegir la actitud con que enfrenta las circunstancias de la vida.

Sin mayor explicación, el Lobo les señaló la puerta de salida.

El siguiente local con una fachada roja tenía un corazón de neón que prendía y apagaba, sobre la puerta había un letrero: «En nombre del amor».

El boticario estaba ocupado pesando los ingredientes de un pedido.

—En un momento los atiendo —dijo.

Los príncipes estaban un poco molestos porque el dueño no observaba el protocolo, pues, aunque estuvieran en esa calle por órdenes del juez Impío, no dejaban de ser los monarcas de la región. El mueble que estaba detrás del boticario era una obra de arte, contenía frascos de diversos materiales y colores, era la viva representación de aquellas boticas de antaño. El hombre terminó de pesar los ingredientes de la receta y les dijo:

—Ahora sí, sus majestades, pasen por aquí —y señaló una cortina que se encontraba al fondo del anaquel.

Era un lugar extraordinario, una especie de nicho de cantera de dos metros de alto por dos de ancho, donde aparecían diversas imágenes holográficas, como si fuera una obra de teatro.

—A lo largo de la historia —mencionó el anfitrión mientras los guiaba a la parte trasera del

local, la humanidad entera ha justificado muchas de sus acciones en nombre del amor. Reyes que renunciaron a su corona por casarse con
la mujer amada, aunque siempre queda la pregunta de si fue por el motivo que dijo, o lo que
sucedía realmente es que no quiso la responsabilidad de una corona que le aterraba y engañó
a todos, incluso a sí mismo, con el manto de la
fuerza más poderosa que hay en el universo, eso
sí, vivió criticando a su hermano por lo mal que
se desempeñaba en su papel de monarca, y más
porque era tartamudo, aunque, como dicen por
ahí, a veces se destruyen más vidas en nombre
del amor que en una guerra.

Es común que se use el nombre del amor para cubrir de
romanticismo actos indeseables, como dar rienda suelta al
odio, asesinar, dividir familias, pueblos e intereses. Mujeres que tienen miedo al amor se dicen estar enamoradas
de hombres comprometidos o que no quieren relacionarse.
Los hombres renuncian a tener una vida plena por un amor
platónico. Con ese pretexto se puede manipular a los hijos,
padres, hermanos, amantes. Hay hombres que abandonan
a su esposa e hijos por otra mujer. Mujeres que permiten vejaciones hacia sus hijos, con tal de que el amante no se vaya.
Otras exigen pensiones estratosféricas para el cuidado de
bebés menores de un año.

Encantada y Azul observaban todo a su alrededor.
Se sentaron en la única mesa que estaba al
centro de la habitación, les sirvieron deliciosas
viandas al tiempo que empezaba la función.

Hubo sólo una representación ese día, comenzó con una tenue música, de pronto se escuchó el trote de un caballo y los gritos de... Encantada. Esa escena era del día en el que se conocieron. Aunque Encantada y Azul llegaron a amarse profundamente, su matrimonio había sido arreglado desde que nacieron, con esta unión se fortalecerían los países del norte y serían el reino más poderoso.

Pese a que Encantada era una amazona experimentada, el caballo que montaba en esa ocasión era un potro que estaba en pleno entrenamiento, regalo de los padres de Azul; ese día iban a pedir su mano y sería el primer encuentro de los novios. El blanco animal se asustó con una ardilla que pasó corriendo por ahí, y se desbocó, Encantada no pudo controlarlo y pedía auxilio a gritos. Azul, quien venía llegando al palacio en compañía de sus padres, fustigó a su caballo para que alcanzara a aquella damisela que se encontraba en peligro; no fue fácil, pero le dio alcance y logró detener al animal. El príncipe vio a los ojos a Encantada, sintió su aroma y le dio un vuelco el corazón; la princesa, a pesar del susto, sintió lo mismo, se sonrojó mientras bajaba la mirada, sentía que el corazón se le iba a salir del pecho.

Encantada no pudo contener el llanto, recordó los motivos por los cuales se enamoró de Azul, y éste la miró con la misma ternura del primer día. En ese momento se dieron cuenta de que la rutina de pelear todos los días, la búsqueda de emociones nuevas fuera de casa, el egoísmo, la intervención de la familia política, el siempre querer tener la razón, la falta de compromiso de parte de los dos y la lucha por el poder, los había alejado de su propósito inicial: entregarse el uno al otro.

El nombre de la tienda en el último local era El rincón de los pretextos y mitos del amor, su logo se formaba con un par de máscaras, el aparador era totalmente diferente a lo que conocían: cucharas disfrazadas de ceniceros, saleros haciendo las veces de lámparas, una tortuga disfrazada de liebre. A cargo se encontraba doña Lechuza con un monóculo.

—¡Bienvenidos! —dijo alegremente cuando vio que los príncipes entraban—, los estaba esperando.

Ellos seguían admirados con las cosas que encontraban. Al ver el techo se dieron cuenta de que había varios letreros:

«No tengo tiempo.»

«Mañana lo resolvemos.»

«Fue culpa del coordinador.»

El letrero que más llamó su atención fue:

«No me divorcio por mis hijos.»

Al ver su interés, la Lechuza les explicó que esos letreros eran los pretextos más utilizados por los habitantes del reino para evadir la realidad.

—¿Cuántos hombres o mujeres conocen que sostienen un matrimonio infeliz con una relación de pareja que les amarga la vida, con tal de supuestamente no dañar a sus hijos con un divorcio? Infinidad de parejas soporta infidelidades, frustración, violencia o agresiones, diciéndose a sí mismos que se aguantan por no dañar a sus hijos, sin darse cuenta de que esto no es más que una justificación a su falta de valor para tomar una decisión, ya sea para resolver sus problemas a través de una terapia y el compromiso de ambos, o la separación, que en algunos casos es inevitable, y en ese supuesto amor fracturan la estructura emocional de toda la familia, echando en cara el sacrificio que hacen para vivir en un «hogar» con una falsa armonía. Los niños no pueden vivir entre enemigos.

Esta situación genera más daños irreversibles que un divorcio. Al vivir en medio de peleas y agresiones, los niños asumen que eso es lo normal, les cuesta mucho trabajo confiar en que hay personas y formas de relacionarse diferentes, porque carecen de modelos cercanos que puedan imitar.

En un mecanismo de defensa crean historias ideales de lo que debería ser y no es, se culpan por los conflictos de sus padres y la sensación de no valía ante sus propios ojos es algo cotidiano, pensando en qué hubiera pasado si...

Es incómodo vivir en un campo de batalla. Nadie puede dar lo que no tiene, y si la vida de una persona es infeliz y frustrante, no puede ofrecer a los que ama felicidad y éxito, recordemos que una buena relación llega de un corazón lleno, no de uno vacío, porque nadie puede dar el amor, respeto y felicidad que una persona no puede sentir por sí misma.

Por supuesto que el mejor escenario siempre es hacer un esfuerzo por mejorar las cosas, buscar a un profesional que nos ayude a resolver nuestras diferencias para vivir en armonía, pero cuando vivir bajo el mismo techo implica un cúmulo de reproches, faltas de respeto y carencia de amor, además de que ninguno quiere ceder y ambos afirman tener la razón, valdría la pena considerar cómo sería la vida por separado.

Doña Lechuza aleteó para llamar su atención.

—Hoy vamos a ver un desfile —dijo—. Nos han hecho creer que sólo existe una fórmula para amar y ser feliz, que, si no la seguimos, nunca lograremos lo que anhelamos, además, muchas de nuestras decisiones adultas se basan en la fantasía infantil del amor romántico y sus mitos.

La primera en desfilar fue la media naranja, que tiene su origen en *El banquete*, de Platón, donde se menciona que somos personas incompletas que sólo llegaremos a la plenitud cuando encontremos a esa persona (alma gemela) que comparte su destino con nosotros y encajará a la perfección, al encontrarnos viviremos felices para siempre.

—Recordemos que somos personas completas y que tener pareja es una elección personal y no un requisito indispensable para encontrar la felicidad —remató la anfitriona.

Siguió una figura espigada que representaba a la creencia equivocada de que los celos son una muestra de amor, pues en realidad sólo son una manifestación de inseguridad y dependencia, pues el amor debe estar basado en libertad y confianza; quien desconfía de su pareja, lo mejor que puede hacer es buscar ayuda profesional, porque el que nuestra pareja cambie no resolverá el problema de inseguridad.

Encantada bajó la mirada con tristeza, ése había sido uno de los factores principales para que ella acudiera al juez para solicitar el divorcio. Azul había dado prioridad a sus relaciones extramaritales. De la misma manera que recordó los motivos por los cuales se enamoró de su marido, también supo que hay cosas que no se pueden superar si no hay la voluntad por parte de los dos.

Un hada madrina representó a otra frase utilizada con mucha frecuencia, que no corresponde a la realidad: «Y vivieron felices para siempre, porque el amor todo lo puede».

—El amor no siempre triunfa, pues una relación que no está cimentada en bases sólidas no puede mantenerse firme —afirmó doña Lechuza—. El amor no *llega*, se construye, y para ello se requiere tener un mismo proyecto de vida, compartir valores, expectativas, disposición, compromiso, tolerancia y una buena relación con la familia política, pues el amor no cambia a nadie; si los conflictos no se resuelven al inicio, el tiempo no lo logrará.

Un juglar llegó cantando: «¿Has escuchado la frase: quien bien te quiere te hará sufrir?»

—Las discusiones nos ayudan a llegar a acuerdos cuando tenemos puntos de vista diferentes, pero cuando se vuelven pleitos constantes que duran días, guerras donde se quiere dominar al otro, llevan a agresiones verbales que lastiman, que nos hacen sentir que la relación terminó, y deja de ser sana, sobre todo cuando se llega a la violencia del tipo que sea; hay que tener claro que quien te hace sufrir no te ama.

La siguiente en desfilar fue la euforia de la pasión, ese subidón que se siente cuando conocemos al amor de nuestra vida (aunque hay personas que van en el amor de su vida número 32). La expectativa de que el amor siempre será una luna de miel llena de sensualidad y emociones desbordadas, quienes no distinguen la diferencia entre amor y enamoramiento pasan la vida entera de flor en flor, culpando a la pareja que deja morir el amor para justificar su falta de compromiso; el amor verdadero es sereno, profundo, una relación establecida a futuro que con las complicaciones cotidianas se irá fortaleciendo para enfrentar cualquier adversidad.

Encantada y Azul se tomaron de la mano, lo que vieron en ese local era suficiente, dieron las gracias a su anfitriona y salieron del lugar.

Llegaron al Hotel de los Encuentros, dedicaron los días que quedaban antes de la siguiente audiencia para poner las cosas en su lugar. Lejos de pelear como lo hacían, platicaron ampliamente, hicieron un recuento de lo vivido, desde la expectativa de que el otro les haría sentirse amados y felices, hasta la de tener una persona perfecta al lado.

Revisaron a profundidad las siguientes opciones:

A veces, al perder, se gana

Es natural que en el momento en el que nos sentimos heridos, traicionados, robados o en el que alguien de alguna forma se está burlando de nosotros, nos llenemos de ira y pensemos en cobrarnos la afrenta. Decimos: ¿cómo se atreve?

Es común que en ocasiones no logremos entender por qué razón estamos viviendo una situación determinada, sobre todo cuando es algo doloroso. Entramos en conflicto, juzgamos, culpamos, como si la agresión fuera personal, es probable que recorramos mentalmente una y otra vez muchas ideas sobre cómo podemos vengarnos de lo que nos hicieron.

A menos que no te importe o te mientas a ti mismo en una actitud de perdonavidas, el proceso de enojo tarda algún tiempo en pasar, a veces pueden ser meses, o incluso años, y hay quien no olvida nunca.

El asunto aquí es que cuando permites que alguien te robe la paz, le das el poder de lastimarte indefinidamente.

Claro que te debes defender, por las vías legales y logrando que se haga justicia por las instancias que corresponden, pero para ello debes de dejar de ver las cosas de forma personal.

Ten conciencia de que quien te afectó no te lo hizo a ti en especial, y eso es porque esa persona es tóxica y no sabe ser diferente, aunque claro que tampoco se trata de que justifiques sus actos. Es para que separes tus emociones. No te dejes afectar y entonces sí podrás actuar con la cabeza fría.

Pregúntate: ¿vale la pena que el incidente afecte tu vida?, ¿estás dispuesto a dedicarle tiempo bueno al malo?, ¿hasta dónde quieres que llegue este problema?

Esa persona no cambiará, por más lecciones que trates de darle, y te ates al resentimiento, recuerda que no es más que una prisión autoimpuesta, porque quizá te quedarás muchos años perdiendo el tiempo que podrías aplicar a construir la vida que sí quieres tener.

Por eso pienso que a veces, al perder, ganamos.

En cuanto aprendemos a dejar ir le quitamos el poder negativo a esa situación que vivimos, nos desapegamos de todo aquello que nos impide avanzar o que ya no es, sin dejar de recibir la lección que eso nos arroja. Porque claro está, todas las experiencias tienen un mensaje que darnos, pero al recibirlo, lo importante es quedarnos con sus enseñanzas, sin retener al mensajero.

En una pérdida es importante reconocer que duele, pero también que esa persona (experiencia, ciudad o trabajo) ya cumplió su ciclo en nuestra vida y que nos deja regalos importantes, aunque ya no *esté* de forma tan directa.

Perdona y deja ir la historia, pues al perdonar, quien se libera de toda esa negatividad eres tú.

¡La eterna insatisfacción!

El deseo muere automáticamente cuando se logra: fenece al satisfacerse. El amor, en cambio, es un eterno insatisfecho.

ORTEGA Y GASSET

Porque llueve, porque estamos solos, la razón que sea, el hecho es que los seres humanos nunca estamos satisfechos con nada.

Es cierto que la insatisfacción es positiva en nuestra especie porque es lo que nos ha llevado a evolucionar, y prueba de ello son los avances científicos, tecnológicos, las grandes obras que han sido producto de la creatividad y todo aquello que nos distingue de los hombres de las cavernas.

Sin embargo, hay días en los que despertamos y sentimos que nada nos llena, nada nos convence ni nos satisface. Cargamos a cuestas un vacío existencial. Y si bien todos hemos enfrentado dificultades, no es común, y sobre todo no es sano para nuestra mente, vivir pensando que nada es suficiente y sentir desgano por cada cosa que tenemos que hacer. Lo importante es preguntarnos ¿por qué nos pasa?

La insatisfacción puede experimentarse como estado transitorio, como motor de búsqueda de una siguiente satisfacción, o se puede vivir eternamente insatisfecho. Depende de cada uno tomar ese motor como aliado para el cambio, transformándolo en brújula de crecimiento.

Es importante entender que la perfección no existe y que, en muchos casos, el alcance de un deseo o de la tan ansiada felicidad depende de nosotros y de no complicarnos la existencia con detalles que no valen la pena.

¿Cuál es el motivo de que nos pase esto? Los insatisfechos crónicos son los que, en lugar de regocijarse con aquello que han logrado, siguen en el camino que les queda por recorrer y en lo que no tienen —o tienen los demás y ellos no—. Pueden fijarse objetivos inalcanzables y, con frecuencia, les cuesta poner límites a sus aspiraciones y aceptar que en esta vida no se puede tener todo. Pero esta tendencia negativa puede transmutarse si tomamos conciencia de ella y nos empeñamos en cambiarla. Una vez reconocido el problema, hay que poner manos a la obra para superarlo.

....
La aceptación es la llave maestra.
....

Aceptar quiénes somos, cómo somos, de dónde venimos y a dónde queremos ir.

Esto no quiere decir que te quedarás donde estás, significa que de una forma moderada y consciente crearás un mapa que te llevará a ser quien anhelas y a llevar a cabo tus deseos, pues quien carece de proyectos personales de largo, mediano y corto plazo está expuesto a sentirse insatisfecho constantemente.

Es muy estimulante pensar y planear el futuro: un viaje, la compra de una vivienda propia, un auto, crecer personalmente o cualquier deseo que anheles, pero también es importante aprovechar lo que nos toca ahora.

....
Vive el presente. Valora y agradece lo que sí tienes.
Centra la energía en lo que te hace bien.
....

Encantada y Azul estuvieron evaluando los pros y los contras de seguir juntos, les quedó claro que una relación se construye de la misma manera que un edificio: desde los cimientos. Se prepararon para presentarse al día siguiente con el juez Impío.

El Heraldo apostado en la puerta de entrada golpeó tres veces el piso con el báculo para anunciar primero el acceso de los abogados y en segundo lugar del juez Impío, quien compensaba su bajísima estatura con una gran toga, la más

larga que se hubiera usado jamás. El magistrado
subió al enorme escritorio para ver hacia abajo a
todos y con eso compensar su complejo de inferioridad. En último lugar, así como lo indicaba
el protocolo, tocando las trompetas se anunció la
llegada de sus graciosas majestades, la Princesa
Encantada y el gallardo Príncipe Azul.

—Y bien —dijo el juez.

Encantada tomó la palabra:

—Señor juez Impío, como usted indicó, hicimos el recorrido de los veintiún días y nos dimos
cuenta de que, por la rutina, perdimos el camino que nos habíamos trazado inicialmente, pu-
simos nuestro pasado en el presente y no nos
dimos la oportunidad de conocernos. Aún queda
amor entre nosotros, nos daremos la oportunidad de conocernos a fondo, de tomar una terapia
de pareja. Si nuestra relación logra sobrevivir,
continuaremos, si no, tendremos una cordial separación para que cada uno continúe su camino, pero sin pleitos, porque en estos años nos
dimos lo mejor del mundo: dos hijos a los cuales
amamos profundamente y a los que no vamos a
lastimar. Ya no pensamos en cuentos de hadas,
nos relacionamos consciente de que queremos
construir una relación madura y duradera.

El juez Impío sonrió, pegó dos veces con el
mazo y dio por terminado el juicio.

No sabemos si Encantada y Azul seguirán juntos o al final se separarán, lo que sí sabemos es que serán felices para
siempre, consigo mismos.

Renuncia a tus justificaciones
y te regalo un sueño

Cuántas veces nos hemos dicho a nosotros mismos que no nos esforzamos por alcanzar una meta, porque no es el momento propicio, no tenemos suficiente dinero, no nos comprenden, porque nos tocó vivir en este valle de lágrimas o porque somos demasiado viejos. Las justificaciones son tan variadas como aquellos que las expresan, detrás de todo esto hay un gran temor a no tener la capacidad para lograr lo que queremos, o porque no estamos dispuestos a comprometernos.

Entonces simplemente nos decimos: «no puedo», y eso no es más que un *autoengaño*, una manera de hablarnos a nosotros mismos o a los otros, para no asumir la responsabilidad de las propias elecciones.

Cada vez que decimos «no puedo», de manera velada, estamos evadiendo la responsabilidad de nuestras propias decisiones, como si en realidad no tuviéramos el poder para hacer aquello que encadenamos bajo esa frase.

Con sólo decir «no puedo», la persona aleja, de manera segura, sin tener que asumir su responsabilidad, el asunto que le incomoda. Se convence de que, en realidad, el dilema en cuestión no depende de ella ni de sus elecciones, sino de otras personas, de circunstancias externas o, incluso, de su inconsciente, al cual tampoco puede controlar.

Si la persona se protege detrás del «yo no puedo hacerlo», «no soy capaz», evade la responsabilidad de aquello que, en realidad, no se atreve a enfrentar de manera directa: «Si no tengo el control de algo, entonces no tengo que ser responsable de ello».

«No puedo» es una frase que no ofrece alternativas. Quien la utiliza, se protege, convirtiéndose en *víctima* de las circunstancias, se convence a sí mismo e intenta convencer a los otros de que no tiene control de la situación y, por ende, tampoco tiene la responsabilidad por aquello que dice no podrá realizar.

> **No es que «no se pueda hacer algo», la realidad es que deliberadamente se está eligiendo no hacerlo.**

Cuando nos hablamos con la verdad y aceptamos que no es que no podamos, sino que no queremos hacerlo, recuperamos el control, nos damos la posibilidad de cambiar el rumbo de nuestras vidas, de arriesgarnos a probar nuevos caminos, de capacitarnos para llegar a aquellas metas que quizá veíamos tan lejanas, y que hoy nos damos cuenta de que, por medio de la disciplina y la determinación, podemos alcanzarlas.

Obsérvate cada vez que te descubras diciendo que no puedes hacer algo; simplemente di: «En este momento no deseo hacerlo por tal y tal razón», a la postre te darás cuenta de que dejarás de tener todas esas justificaciones y alcanzarás tus sueños con mayor facilidad.

La humillación

Esta herida se forma cuando sentimos que los demás nos desaprueban y nos critican. Podemos generar estos problemas en nuestros niños diciéndoles que son torpes, malos o unos pesados, así como aireando sus problemas ante los demás; esto destruye la autoestima infantil.

La consecuencia que se genera con frecuencia en personas víctimas de la humillación es una personalidad dependiente. Además, podemos haber aprendido a ser *tiranos* y egoístas como un mecanismo de defensa, e incluso a humillar a los demás como escudo protector.

Haber sufrido este tipo de experiencias requiere que trabajemos en nuestra independencia, nuestra libertad, la comprensión de nuestras necesidades y temores, así como nuestras prioridades.

CAPÍTULO 5

Para amarte a ti, primero debo amarme a mí

No te enamores del potencial de las personas, enamórate de su realidad.

ADRIANA ALVARADO

Nos relacionamos de la manera en que lo hacemos porque eso es lo que vimos toda nuestra vida, el ejemplo estuvo en casa, en la escuela, en los medios de comunicación, en la cultura, en todos y cada uno de los rincones que influyen desde el día en que nacimos hasta hoy, por lo mismo, no pudimos ser diferentes, ni hacerlo mejor, no teníamos con qué, ni con quién, porque la gente que nos rodea vivió lo mismo, pero hoy puedes transformar lo que no te gusta tomando conciencia de lo que te sucede, conocer cuáles son los mecanismos internos por los que actúas como lo haces, y con la disciplina de esforzarte para ser diferente.

Cuando tenemos una relación de pareja, no sólo estamos con una persona, sino con todos aquellos que han formado su historia, circunstancias y creencias.

Si nuestra autoestima y opinión personal no están bien establecidas, buscaremos que nuestra pareja —quien seguramente también tendrá esas carencias— sea quien reafirme nuestra valía y acabe con nuestras inseguridades, con el anhelo de que esa persona se quede para siempre.

Renunciemos a las expectativas de las existencias perfectas, pues no existen ni en los cuentos de hadas, porque incluso ahí habitan brujas, ogros y seres de amplia maldad que no quieren que otros sean felices.

Hemos hablado hasta el cansancio de las relaciones conflictivas: «él me hizo, ella me dijo, mi suegra, la cuñada». Tendemos a culpar al otro de lo que nos está sucediendo. Hemos leído infinidad de libros, visto una gran cantidad de videos y escuchado audios, pero, como te mencioné anteriormente, no hay trucos, ni pócimas, ni estrategias ni actitudes que puedan convencer al otro de que cambie para que la relación mejore; si de verdad queremos cambiar de una vez y para siempre el tipo de relación de pareja que tenemos, debemos empezar por sanar la relación más importante de nuestra existencia: la que tenemos con nosotros mismos, las demás no son más que un espejo de la primera.

Basta con que hagas un recuento de las situaciones de tu vida para que te des cuenta de que lo que te digo es una realidad, porque dentro de todas esas quejas que hemos tenido a lo largo de la vida, el hecho de que la pareja se vaya, de que cambies de residencia, de trabajo o de amistades, no te ha hecho ser más feliz ni más libre, no ha mejorado tu economía ni tus relaciones han sido más plenas, al contrario, irte dando un portazo lo único que ha logrado es que te sientas peor, y quizá hayas regresado a situaciones más dolorosas de las que tenías, porque no son las otras personas, sino la manera que tenemos de relacionarnos, de ser permisivos, de pasar por alto situaciones que otras personas no tolerarían, lo que nos afecta.

El secreto de la transformación es que llegues a un profundo autoconocimiento, porque a veces ni siquiera sabemos qué queremos o cómo somos, pues nos hemos dedicado a vivir por y para los demás.

**Enamórate de ti, de tu existencia,
de tus talentos y capacidades; ámate primero,
para que puedas amar a los demás.**

Te invito a que te hagas las siguientes preguntas:

- ¿Cómo te tratas?
- ¿Das prioridad a lo que piensas, sientes y quieres en esta vida?
- ¿Estás esperando a que llegue el día adecuado para ser feliz?
- ¿El concepto de amor y el modelo amoroso en el que te educaron son sanos?
- ¿Cedes a la presión social por tener pareja estable, aunque no te satisfaga?
- ¿Te domina el miedo a no tener pareja?
- ¿Cuál es el precio que has pagado por no estar en soledad?

Como hemos comentado, la forma que tenemos de relacionarnos la aprendimos en nuestra familia de origen, pero no podemos vivir culpando a nuestros padres de lo que no funciona adecuadamente en nuestras vidas.

Todos llevamos dentro un niño herido, nadie dice que hubo dolo cuando nos educaron, simplemente sucedió así, pero inevitablemente nuestras experiencias pasadas condicionan nuestro presente y afectan a nuestro futuro, seamos o no conscientes de ello. Cuando tenemos una experiencia de vida, ésta nos condiciona, y al repetirse se convierte en un patrón de comportamiento al cual nosotros le llamamos «mi forma de ser», pero, a pesar de todo, sigue siendo un condicionamiento. Una vez que un patrón se ha grabado, como cuando aprendemos a andar en bicicleta o a manejar un coche, lo ejecutamos de forma habitual y automática, por lo tanto, no somos conscientes de lo que hacemos y ya no le damos importancia. Al repetir las creencias, patrones y paradigmas que aprendimos en casa, éstos se convierten en hábitos difíciles de cambiar, a no ser que tomemos conciencia de qué nos pasa y decidamos tomar acciones concretas para cambiar.

Te cuestionarás de qué manera o en qué momento aceptamos sin resistencia alguna estas formas de actuar, de ver la vida, pero, sobre todo, cuándo aprendimos eso a lo que llamamos amor.

Los niños pasan por etapas de maduración, aunque no siempre son óptimas, tal como lo señala la teoría del desarrollo psicosocial de Erik Erikson, quien contempló que los niños, a través de su desarrollo cognitivo, psicológico y motor, van transcurriendo una serie de etapas que les permite acceder a ciertas competencias de una complejidad cada vez mayor.

Al alcanzar cada nivel de maduración, si el individuo ha logrado la competencia que corresponde a su etapa vital, experimentará una sensación de dominio, la cual Erikson describió como «fuerza del ego». Adquirir esas destrezas y competencias facilitan que el niño pueda superar las exigencias que se le presentan durante los años venideros: si se siente seguro, adoptará el lado positivo, si no lo logra, se irá hacia la actitud negativa.

Los ocho estadios psicosociales

1. Confianza contra desconfianza

Va del nacimiento a los dieciocho meses, y depende del vínculo que haya establecido el bebé con su madre, mismo que influirá en los vínculos futuros que el individuo formará con otras personas. La sensación de confianza, apego, satisfacción y seguridad pueden influir decisivamente en la calidad de sus relaciones futuras.

2. Autonomía contra duda

De los dieciocho meses a los tres años. Cuando el niño experimenta grandes cambios cognitivos, motores y físicos, empieza a caminar y a controlar los músculos y esfínteres. Puede vivir momentos de vergüenza y duda, que una vez superados lo llevarán a sentirse autónomo e independiente.

3. Iniciativa contra culpa

Etapa de los tres a los cinco años. El desarrollo va tanto a nivel motor y físico como a nivel cognitivo y social. Comienza a relacionarse con los demás, sobre todo con sus pares, y desarrolla sus habilidades en este aspecto. Siente curiosidad por el mundo que lo rodea y es una etapa de extraordinaria creatividad, es el momento en el que conoce la culpa y el desasosiego.

4. Laboriosidad contra inferioridad

Esta etapa va de los seis a los doce años. A esta edad, el niño observa la realidad y se pregunta cómo funcionan las cosas. También es un momento de generatividad, descubre el mundo con sus propias manos y realiza un sinfín de actividades en las que pone todos sus recursos cognitivos y físicos. Si se da el caso de que los niños son minusvalorados, pueden desarrollar una sensación de inferioridad que los volverá individuos con propensión hacia la inseguridad y la timidez.

5. Exploración de la identidad contra difusión de la identidad

Llega la adolescencia y la pregunta obligada es la siguiente: ¿quién soy yo? Es un momento de análisis y reflexión acerca

de la identidad. Los adolescentes exigen su autonomía y ponen distancia de sus padres, prefieren estar con sus amigos, empiezan a tomar decisiones sobre su futuro: ¿qué y
dónde estudiar?, ¿qué clase de vida quieren tener? Valoran
sus posibilidades y destrezas basándose en sus experiencias pasadas.

6. Intimidad contra aislamiento

Entre los veinte y los cuarenta años, los individuos empiezan
a priorizar relaciones más íntimas y de compromiso mutuo,
una intimidad que asegure la compañía y la confianza. Si no
establecen relaciones positivas con sensación de intimidad,
pueden tener sentimientos de soledad con depresión, mo-
notonía y desesperanza.

7. Generatividad contra estancamiento

Desde los cuarenta hasta los sesenta años, las personas se
dedican a la familia. Buscan el equilibrio entre productividad y entre el estancamiento. La productividad motivada
por el bienestar futuro, el proveer a la familia y a las generaciones venideras de un buen nivel de vida, y la sensación
de ser útil para el entorno familiar. El estancamiento hace
referencia a la pregunta frecuente que se pueden formular
los individuos: ¿tiene algún sentido todo mi esfuerzo? Si alguien no logra canalizar este sacrificio diario hacia algo que
le genere bienestar, se sentirá estancado y decepcionado.

8. Integridad del yo contra desesperación

De los sesenta años en adelante, llega la jubilación y la persona deja de ser productiva, debido al retiro y a la merma de sus capacidades físicas. Es una etapa en la que se ven alteradas muchas de las formas de vivir anteriores: algunos amigos y familiares mueren, deben afrontarse muchos procesos de duelo y el cuerpo va deteriorándose progresivamente.

Cuando lees este proceso de maduración, según tu edad, ¿con qué te identificas? ¿Vives con confianza, desconfianza, autonomía o dudas?

Responder esto te dará una idea del área que requieres sanar.

En algún momento de nuestra infancia, en menor o mayor medida fuimos vulnerados. Por eso el niño herido crece, pasa por una adolescencia difícil y se convierte en otro adulto angustiado, estresado, lleno de miedos y de culpa, de violencia hacia él o hacia los demás y repite el mismo patrón con sus hijos.

Para recuperar y fortalecer el amor hacia uno mismo es de suma importancia sanar las heridas emocionales que se fueron acumulando desde nuestra infancia, es decir, encontrar, sanar y cuidar de nuestro niño interior, especialmente en la etapa de los primeros siete años.

Pensamos que en los momentos difíciles quien reacciona ante los eventos es una persona adulta, con todo el conocimiento adquirido a lo largo de la vida, pero cuando las emociones se desbordan es ese niño lastimado quien toma las riendas.

No hablamos de que haya dos personas en ti, si no de que quedaron muchos huecos emocionales que no se han llenado, como una baja autoestima, bloqueos para relacionarte adecuadamente, sensación de abandono y desamparo, entre otras emociones que son paralizantes, y que para resolverlas hay que descubrir a tu niño interior, recuperarlo y nutrirlo de amor.

La parte negativa que utilizamos para llenar esos huecos emocionales siempre nos daña, pues lo hacemos a través de actitudes compulsivas tales como:

- Intentar rescatar gente que no quiere ser rescatada.
- Andar de metiche en la vida de otros.
- Comer.
- Hacer compras compulsivas.
- Realizar ejercicio en exceso.
- Tener adicciones a sustancias o juegos.
- Ser promiscuos.
- No relacionarnos con nadie.
- Tener una relación que no va a ningún lado.
- Relacionarse con una persona casada o comprometida.

A lo largo de este capítulo podrás adquirir las herramientas para nutrir a tu niño interior y para fortalecer tus decisiones como adulto. Desde esa relación de amor, respeto, confianza, compromiso y libertad, se pueden tener relaciones sanas, enriquecedoras, evolutivas, dinámicas y plenamente satisfactorias.

La mejor y más plena de las relaciones comienza con uno mismo.

Mientras no mantengamos una estrecha relación de amor e intimidad con nosotros mismos, no estaremos capacitados para tener una relación equilibrada con otra persona. Es probable que la pareja nos dé la oportunidad de crecer si tenemos la madurez para aprovechar las circunstancias, pero en la mayoría de las ocasiones, vemos en quien amamos a un tirano que abusa de nuestra buena voluntad, que nos llena de mentiras, traiciones, ofensas y fracasos, además de haber condenado la relación al peor de los aburrimientos, en ese momento somos conscientes de que si lo hubiéramos pensado tan sólo cinco minutos más, no nos habríamos embarcado con alguien que no cumple con nuestras expectativas y a quien no merece la pena entregarle nuestros mejores años.

Por supuesto que podemos pasar una vida entera buscando a la media naranja, dejando que nos rompan el corazón una y otra vez, quejándonos todo el camino, manteniéndonos estoicos ante el pensamiento de que las relaciones de pareja ya no son como antes y se convirtieron en inservibles, o podemos elegir conocernos a profundidad para comprometernos a tener primero una relación sana con nosotros mismos, para tenerla después con los demás.

Cuando hablo de enamorarnos de nosotros mismos no sugiero irnos al extremo de adorar de manera narcisista nuestro cuerpo o intelecto, porque entonces ninguna otra persona tendría cabida en nuestra vida, me refiero a aceptarnos y querernos como somos, a valorar nuestras virtudes y convivir con los defectos que no podemos cambiar, en la inteligencia de poner acción en los que sí se puede modificar.

Uno de los obstáculos a vencer dentro del proceso de cambio es cuando una persona tiene personalidad evasiva,

la cual es bastante común, aunque no siempre se haya diag-
nosticado. Quienes lo padecen están retraídos e inhibidos
socialmente a un grado extremo. El evasivo rehúye la actividad social y se muestra altamente sensible a cualquier
crítica o evaluación negativa que se haga de él.

Quien sufre de este trastorno se siente inadecuado, inferior a los demás, percibe que los otros lo rechazarán fácilmente, se siente humillado o ridiculizado, además de tener
la percepción de que siempre está siendo observado y cri-
ticado, por lo que permanece sumergido en muchos sentimientos de temor.

Asimismo, los narcisistas desconfían de todo y de todos,
debido más al miedo a establecer compromisos o a ser con-
siderados inferiores, que al miedo a que las demás personas
les hagan daño.

En soledad se sienten inquietos y angustiados, dudan de
sus capacidades para cuidarse a sí mismos o de protegerse de eventuales amenazas. Se resisten a tomar decisiones
a menos que pidan consejo de muchas personas. No mani-
fiestan estar en desacuerdo, pues temen ser rechazados o
desaprobados.

La necesidad de aceptación es tanta, que muchas veces
se ofrecen voluntariamente para hacer tareas desagradables o sacrificios notables por los demás. Delegan las cosas importantes de su vida, prefieren que otros decidan.
No quieren tomar iniciativas o emprender proyectos. No
confían en sus propios razonamientos, creyéndose incapaces de realizarse, aunque tengan el interés o la motivación
para actuar.

Establecen pocas relaciones, y éstas les generan fuertes
vínculos de dependencia. Si uno de estos lazos se rompe,
buscarán afanosamente sustituirlo por otro. No toleran la

soledad, pese a que la buscan. Su temor al abandono los lleva a probar constantemente el afecto de quienes los rodean.

Y, por otro lado, tenemos al rescatador, quien también tiene huella de abandono y quiere mantener a su pareja a su lado, haciéndose indispensable en su vida; la rescata cada vez que se mete en un problema, resuelve sus asuntos financieros, quiere ejercer control sobre otros diciéndoles qué, cómo y cuándo deben hacer las cosas, deja que los demás abusen de su buena voluntad con tal de que no se vayan. Es un cuidador incondicional.

Otro elemento de boicot es la autoindulgencia. En lugar de disciplinarnos, dejamos que se imponga el deseo y alimentamos nuestros impulsos cortos, renunciando a construir una vida sólida. Tal como lo demostró el experimento de los malvaviscos, desarrollado por Walter Mischel a finales de los años sesenta.

A varios niños les ofrecieron dos malvaviscos y se les informó que tenían dos opciones:

1. Esperar un lapso indefinido sin tocarlos, lo cual les daría la oportunidad de obtener algunos más y comérselos.
2. Tocar la campana para indicar que en ese instante se comerían los que tenían y con eso era suficiente.

Aquellos niños que supieron esperar, además de obtener una cantidad mayor de malvaviscos, cuando llegaron a la edad adulta resultaron personas más seguras de sí mismas, estructuradas y felices, capaces de lograr metas, sin tendencias al consumo de drogas o alcohol.

Postergar la gratificación inmediata puede llevar a una persona a construir bases sólidas que la llevarán a donde desea estar. Sin embargo, lejos de dar voz a la madurez emocional, caemos en el autoengaño, comportándonos como niños berrinchudos que no toman en consideración las consecuencias de sus actos, y todo debido a que sus impulsos cortos se vean satisfechos.

Algunos impulsos cortos ante los que cedemos son los siguientes:

- Brincar de una relación a otra.
- Buscar atajos.
- No terminar lo que empezamos.
- Abandonar al primer fracaso.
- Culpar a otros de lo que nos sucede.
- Juzgar a las personas por sus acciones, cuando en el pasado hicimos lo mismo, o peor.

En fin, la lista es tan larga como las consecuencias negativas de estas acciones.

Nosotros podemos elegir la actitud que tenemos ante la vida, y que sea positiva es la herramienta que nos dará fortaleza.

Las cosas no siempre salen como esperamos, ni al primer intento, pero ello no implica renunciar a lo que queremos; a veces se necesitan muchos intentos o superar obstáculos para llegar a lo que anhelamos, lo importante es no darse por vencido.

¡Qué importante es saber que puedo aprender de mis fracasos!, que los seres humanos somos los únicos seres de la creación que podemos decidir cómo queremos que sea nuestro presente, e incluso nuestro futuro.

Aun cuando no podemos controlar todo lo que sucede, sí podemos decidir cómo sentirnos al respecto, en la conciencia de que nunca es tarde para ser la persona que nos gustaría ser; además, estos obstáculos se pueden vencer si tenemos un fuerte compromiso personal.

Se dice que una persona está comprometida cuando cumple con todas aquellas acciones que se requieren para alcanzar un objetivo individual o común. Es posible que lo primero que nos venga a la mente cuando hablamos de compromiso sea una relación de pareja estable, sin embargo, esta definición es mucho más extensa y se aplica en cualquier área de nuestra vida.

¿Por qué tenemos miedo al compromiso?

Generalmente, este temor surge durante la infancia, cuando en nuestro hogar no obtuvimos el apoyo emocional necesario para desarrollar el compromiso en alguna o varias áreas de nuestra vida.

Es posible que tengamos miedo al compromiso si en nuestro hogar se nos condicionaba el afecto y el apoyo con expectativas demasiado altas que, al no poder ser cubiertas, nos generaban una profunda frustración que devaluaba la imagen que teníamos de nosotros mismos. Por ello, en vez de elegir esforzarnos más para cumplir nuestras metas, preferimos huir de las responsabilidades por temor a fracasar o a jamás cubrir nuestras expectativas y las de los demás.

En nuestras relaciones interpersonales repetimos el mismo patrón, es como tener un pie dentro de la relación y uno fuera de ella para asegurarnos de que no saldremos lastimados porque tenemos un profundo temor al rechazo y al abandono, pues pensamos que no somos capaces de alcanzar las expectativas de las demás personas, porque así nos lo hicieron sentir durante nuestra niñez.

«Por más que me esfuerce, jamás seré lo suficientemente bueno.» Éste es el pensamiento más recurrente de una persona con temor al compromiso. Generalmente el fracaso escolar durante la niñez se verá reflejado en la vida profesional de un adulto, esto sucede en casos en los que la persona dura poco tiempo en sus trabajos o pelea continuamente con la autoridad. La abruman sus responsabilidades y busca huir de ellas para que los demás no noten su sensación de insuficiencia, esto lo logra culpando a otros de sus errores y problemas.

¿Cómo me libero del temor al compromiso?

- Reconoce la razón por la cual tienes miedo al compromiso.
- Admite que siempre estás comprometido con algo, seas consciente de ello o no.
- Reconoce el impacto negativo que tiene la carencia de compromiso en tu vida.
- Ama y acepta la parte de ti que tiene miedo al compromiso.

Sin duda, el miedo al compromiso te ayudó a sobrevivir en un momento de tu vida, sin embargo, hoy tiene un costo muy alto para ti, ya que te impide lograr cosas que te causen satisfacción.

¿Qué significa quererse de fondo a uno mismo?

Erich Fromm afirmaba: «El primer paso es tomar conciencia de que el amor es un arte, tal como vivir es un arte. Si deseamos aprender a amar debemos proceder en la misma forma en que lo haríamos si quisiéramos aprender cualquier otro arte: música, pintura, carpintería o el arte de la medicina o la ingeniería. El amor es un desafío constante, no un lugar de reposo, sino un moverse, crecer, trabajar juntos; que haya armonía o conflicto, alegría o tristeza, es secundario con respecto al hecho fundamental de que dos seres se experimentan desde la esencia de su existencia, de que son el uno con el otro al ser uno consigo mismos y no al huir de sí mismos».

Amarme es aceptar quién soy, de dónde vengo y hacia dónde quiero ir, amar mi cuerpo, mi intelecto, mis circunstancias y lo que me rodea; es aceptar mis errores sin verme como si yo fuera un error, aprender de mis equivocaciones sin verme como si yo fuera un error; es saber desde el fondo de mi alma que soy un ser digno y merecedor de todo lo bueno.

Amarme es tener una relación con todo mi ser, y en mi ser caben la bondad y la maldad, la honradez y la mezquindad, la sinceridad y la mentira, el afecto y el odio, el valor y la cobardía, la inteligencia y la necedad, el conocimiento y la ignorancia, la humildad y la soberbia, la madurez y la inmadurez.

Todos somos todo eso, y es algo precioso; aunque de una parte nos sentimos orgullosos y lo demostramos, y la otra la rechazamos, obviamos y escondemos, con miedo.

Al tener baja autoestima no valoramos nuestras virtudes o nos avergüenza tanto nuestro lado oscuro, que necesitamos del otro para que haciendo las veces de un espejo nos permita ver lo que negamos.

La vida se hace más fácil cuando la persona que nos acompaña desde el comienzo hasta el final nos cae bien y la queremos. Esa persona que somos.

La autoestima es la valoración que hacemos de nosotros mismos, lo óptimo es que sea sana, es decir, equilibrada, pero si nos vemos a nosotros mismos como lo máximo, los mejores, los más importantes, sólo hablamos de nosotros mismos, nos observamos por encima de los demás o, por el contrario, pensamos que no valemos nada y que no somos dignos ni merecedores de estar bien, se puede decir que estamos utilizando mecanismos compensatorios para tratar de sobrevivir con una baja autoestima.

Para fortalecer la autoestima comprendamos que la mente es como un espejo, refleja todo aquello que captan los sentidos de manera particular. La información recibida tiene que tomar un lugar y, a manera de pieza de rompecabezas, ocupa un lugar preciso; cuando no sucede así el cerebro cree que no tiene bajo control la situación y llena esos huecos con información del pasado, ya sea verdadera o no, de esta manera cataloga todo lo que encontramos en el camino. Cuando nos relacionamos con las personas emitimos juicios con respecto a quiénes son, y si no las conocemos a fondo, nos equivocamos con frecuencia; lo mismo pasa con nosotros mismos, cuando nos observamos lo hacemos a través de una visión distorsionada del pasado y no podemos valorar con claridad quiénes somos.

La autoestima nos acompaña en todos los momentos de la vida, los resultados de nuestras acciones están matizados en gran medida por esta valoración. El trato propio y que tenemos con los demás depende en gran medida de cómo nos sentimos con respecto a quiénes pensamos que somos.

> **Nuestras aspiraciones y logros también dependen de qué tan capaces y aptos nos sentimos.**

Recordemos que nuestros pensamientos se convierten en emociones, las emociones en las acciones que van a definir los resultados que tenemos en la vida.

Es normal y natural que mientras no tengamos maestría en ciertas áreas nos equivoquemos en el proceso de aprendizaje, pero somos jueces impíos con nosotros mismos y no nos perdonamos ser imperfectos, y cuando cometemos errores nos enojamos con nosotros mismos y nos descalificamos, nos llenamos de etiquetas al llamarnos descuidados, olvidadizos, incompetentes. Vivimos llenos de temores.

No hay una sola persona, desde el hombre más rico o el personaje más reconocido o encumbrado, que no haya sentido miedo a lo largo de su vida, o que al enfrentar un nuevo reto no lo haga con temor a equivocarse.

En la mayoría de los casos no somos conscientes de esta actitud tan agresiva con nosotros y la minimizamos haciendo como que no existe y nos decimos: «Yo me quiero mucho». Esto deja como secuela estar inconformes, angustiados y muy culpables de no ser la persona que nos gustaría.

Cuando se repite mucho una misma acción, la conviertes en un hábito. Este hábito se convierte en algo inherente de ti, de tu personalidad, es parte de cómo te ves y cómo te valoras.

Ahí es donde está la clave, en la autoimagen.

Cuando tu autoestima es sana, te muestras tal cual eres, en una imagen poco protegida, no hace falta defenderse, ya que los cimientos son fuertes. No necesitas el blindaje del retraimiento o la timidez, tampoco ser egocéntrico o sentirte aplastado por los demás.

Quien tiene autoestima sana no requiere ser desleal o aplastar a otros para sentirse mejor, se muestra tal cual es, se permite ser vulnerable sin sentir que pierde autoridad.

A continuación te ofrezco algunas herramientas que te pueden apoyar a fortalecer tu autoestima:

- **Cambia la manera en la que te refieres a ti mismo.** Ya basta de hacerte *bullying*, hay una diferencia abismal entre reírte de ti y hacer escarnio sobre tu persona burlándote de tu peso, tu manera de hablar, tu mala letra, tu falta de destreza en algún área o con respecto a cualquier defecto.
- **Haz un recuento de todos tus éxitos por pequeños que parezcan.** No te angusties pensando en todas las travesuras de tu infancia, en todos esos errores que cometiste, en los apodos que te pusieron los compañeros de la primaria; mejor escribe todas las cosas buenas que hiciste, los logros que has tenido, las cosas que brindaste a otros, ya sea con ayuda, con palabras de aliento, con cuestiones materiales. Con este proceso te darás cuenta de lo importante que ha sido tu presencia en la vida de quienes te rodean.
- **No te compares con otros.** Recuerda que a la distancia el jardín del vecino siempre parece más verde. Cada persona tiene sus propias cualidades y, por supuesto, tú no eres la excepción. No te preocupes por esos atributos que quisieras tener, semejantes a

los de las estrellas de cine. Mejor piensa en lo afortunado que eres al tener a tus seres queridos y a tus amistades.

- Para aumentar tu autoestima valora que tienes salud, que tus facultades mentales te hacen una persona inteligente. Recuerda las buenas oportunidades que te ofrece tu trabajo, lo que aportas a los demás. Probablemente muchos envidiarían todo eso que tú tienes hoy y que quizá no valoras lo suficiente.

- **Encuentra la raíz de tu falta de autoestima.** Hay infinidad de razones por las cuales puedes tener una baja autoestima, quizá tuviste que enfrentar situaciones adversas los primeros años de vida, no te sentiste suficientemente amado, valorado o hubo abandono o sobreprotección por parte de alguno de los padres.

- Otro de los elementos puede ser alguna diferencia física, si eres demasiado alto, bajito, o hay algo en tu forma de hablar. En el momento que encuentres lo bueno en ti, tomarás conciencia de que la valoración de tu persona la estás haciendo a través de la mirada de un niño lleno de temores.

- **Valórate y siéntete merecedor de lo mejor.** Esto tiene que ver con la manera en que te percibes a ti mismo. Mírate frente a un espejo y haz un recuento de las cosas buenas que aprecias en ti.

- **No te quedes en el ayer.** Si tienes algo que te avergüenza de tu pasado, déjalo ir. En la vida todos cometemos errores. Si ya recapacitaste al respecto y la parte afectada te ha perdonado, no insistas en torturar tu autoestima pensando que eres la persona más mala del mundo. Si insistes en revivir una y otra vez la escena dolorosa, no harás más que subestimarte a ti mismo. Perdona el pasado y deja ir los lastres que te mantienen atado al resentimiento.

¿Recuerdas cuando en tus juegos infantiles peleabas con tu amigos o hermanos, cómo los adultos, especialmente tus padres, insistían en que se perdonaran? Aun así, nadie nos enseñó cómo y para qué perdonar.

Cuántas historias hemos conocido de gente con grandes tragedias, a causa de vivir con resentimiento. Lo podemos ver en cualquier ámbito, con esos pleitos tan controversiales que van desde un divorcio, el pleito por la custodia de los hijos, o esas demandas que parecen no terminar y que al final de cuentas hieren a todos.

El perdón beneficia más a aquel que lo otorga, pues es un gran liberador.

No se trata de justificar o excusar a personas y situaciones que nos lastimaron en un momento dado, sino de reconciliarnos con los eventos de nuestra vida para estar en paz.

Cuando algo nos agrede tenemos toda la razón de sentirnos mal, pensando en castigar a aquel que nos dañó, pero esto sólo hace que el problema sea mayor, porque nos mantiene atados al resentimiento, llenándonos de amargura y dolor, afectando nuestras vidas porque no podemos seguir adelante, pues vivimos arrastrando las cadenas del pasado, impotentes y en un estado de indefensión e insuficiencia.

El perdón es una decisión, que no nos obliga a querer o permitir que la persona en cuestión continúe a nuestro lado.

Hablemos de las cinco etapas del perdón:

1. **Negación.** Es el recurso que utilizamos para postergar las cosas hasta que nos sea posible digerir lo que está sucediendo. Una forma de detectar la negación es cuando nuestras emociones están a flor de piel, lloramos o reímos por cualquier motivo, nos sentimos alterados o ansiosos sin razón aparente.
2. **Ira.** Nos hace visible la herida que está lista para ser curada. Ésta es una de las emociones más fuertes, pues nos invita a la acción para corregir lo que es necesario, pero hay que evitar que nos lleve a continuar con el ciclo de la violencia.
3. **Regateo.** Es una negociación que utilizamos para poner límites. Expresa lo que seguimos sintiendo y la forma en que podemos sanar. En esta etapa lo que se desea es que haya una consecuencia para quien nos dañó, que le haga tomar conciencia de sus actos, aunque en muchos casos esto no es posible.
4. **Depresión.** Nos ayuda a reconocer nuestros errores y cambiar si es necesario. Hay que hacerlo con cautela para no caer en un proceso de lástima por uno mismo. Es el momento en el que el enojo es contra nosotros, pues nos culpamos por lo que pasó y nos preguntamos qué es lo que pudimos hacer o dejar de hacer para que los eventos fueran diferentes; este cuestionamiento es sano hasta cierto punto, pues nos permite ver nuestra responsabilidad en los eventos.
5. **Aceptación.** Nos sentimos en paz y la herida cicatriza. Otra manera de perdonar es tratar de ponernos en el lugar de quien nos lastimó. Los seres humanos tenemos miles de razones para ser como somos,

y comprender los motivos nos lleva a darnos cuenta de que en la mayoría de los casos el evento no fue sólo en contra nuestra, sino que lo sucedido es una conducta regular en el otro; esto nos permite dejar de ser víctimas para poder tomar las riendas de la situación.

No estar en control de nuestras emociones hace salir lo peor de nosotros y no nos damos cuenta de estas actitudes negativas que alejan a las personas de nuestras vidas, en un enfoque desde lo blanco y negro; sin ver los matices intermedios, tratamos de ganar a toda costa sin medir las consecuencias.

A continuación te presento algunas de esas actitudes y cómo resolverlas:

Abusar de otros no es negociar

Nada es gratis en la vida, porque hasta lo que te ofrecen como prueba lleva una intención.

No podemos pretender que otros nos den todo sin que regresemos nada a cambio. A esa actitud se le llama «abuso» y termina por desgastar las relaciones personales y profesionales.

La capacidad de negociación es fundamental, tanto en la vida personal como en la dirección de empresas. Tener esta habilidad asegura el éxito en los diversos ámbitos de nuestra existencia.

Utilizar las herramientas verbales para convencer, persuadir, involucrar e integrar a las personas es fundamental, siempre y cuando se observe la premisa del ganar-ganar.

El problema está en aquellas personas que se abren paso por la vida a codazos y confunden una gran negociación con abusar de la buena fe de quienes las rodean, actitud que tarde o temprano, lejos de ser una habilidad para el progreso, les cierra las puertas, pues sacar ventaja dejará enemigos agazapados, que en su momento se cobrarán el enojo de sentirse abusados, o saldrán corriendo.

Negociar es llegar a acuerdos aun con nosotros mismos.

Ganar-ganar es el mejor principio del cual partir, quien no observa esta premisa a la larga terminará perdiendo y con todo en contra.

Para llegar a este punto podemos cuestionarnos dónde está el justo medio y que todas las partes queden conformes; en ello radica la diferencia fundamental entre un negociador bueno y uno malo.

Existen situaciones diversas a la hora de negociar. Algunas situaciones logran fácil resolución mediante un pacto entre ambas partes. Hay otras, sin embargo, en las que las partes están empecinadas en tener la razón. La acción se congela o no hay solución.

La claridad en la comunicación es indispensable, expresar lo que se busca y saber escuchar las necesidades del otro puede llevar al compromiso de ambas partes para llegar a un acuerdo y esto aplica para situaciones familiares, en una relación de pareja, en una organización o en una transacción comercial.

Tener un objetivo en común nos dará la guía que debemos seguir.

Siempre tengo la razón, ¿y qué?

¿Conoces el costo de esta frase?

¿Hasta dónde somos necios en querer que las cosas sean a nuestra manera? ¿Dónde está esa línea fina que nos lleva a una actitud cínica, en la que damos una explicación para justificar acciones abusivas que tiene como respaldo la idea de que «no me importa lo que pienses voy a seguir siendo como soy»?

En ambos casos, detrás hay una baja autoestima, muy poca capacidad de introyectar, además se trata de un juego de poder.

Generalmente, a las personas nos resulta difícil escuchar las opiniones de los otros, de tal manera que muchas veces perdemos la oportunidad de enriquecer nuestro propio punto de vista y nos aferramos a querer demostrarles a los demás que somos quienes tenemos la razón, a como dé lugar.

Intentamos imponer, a toda costa, nuestro punto de vista como el único posible, descalificando el de los otros. Y los demás probablemente harán lo mismo, quedando todos atrapados en un círculo vicioso que puede llegar a tener lamentables consecuencias, como alejarnos de la relación con los demás o, en casos más drásticos, puede traernos una ruptura definitiva de las relaciones, cuando quizá con tan sólo abrirnos con la intención de comprender a los otros podríamos haber solucionado las cosas para no salir dañados ni lastimar a nadie.

Cuando enfrentamos un conflicto dentro de una relación entre dos o más personas, en el que se confrontan puntos de vista diferentes, debemos tomar en cuenta los siguientes puntos:

- Si realmente queremos resolver el problema, es mejor considerar todos los puntos de vista.
- Debemos estar abiertos a comprender al otro.
- Debemos aprender a escuchar, con calma y sin atacar o interrumpir.
- No se debe olvidar nunca que, aunque una de las partes sienta que *ganó* por imponer su verdad, la realidad es que, si no ganan todos los afectados, no gana nadie, es sólo una ilusión el creer que se triunfa al imponer nuestra razón.
- Tratemos de no olvidar la importancia de intentar comprender a los demás para llegar a la mejor solución y tomar las decisiones correctas.
- Todos tenemos derecho a ver las cosas desde nuestro marco de referencia, nuestros valores, historia, etcétera.
- En una discusión, ganará más el que esté dispuesto a ver (y a escuchar) más, no el que intente estar *mejor*, es decir, el que se empeñe en demostrar que sus razones son más valiosas que las de la otra parte.

Por eso, si quieres salir beneficiado de un enfrentamiento y ser el *vencedor*, tienes que estar dispuesto a tomar en cuenta las razones del otro, aunque, insisto, no puedas verlas. Tal vez por el solo hecho de considerar la posibilidad de que el otro vea, sienta, viva, experimente cosas que tú en ese momento no puedes ver, pero que si el otro las ve probablemente también sean parte de la realidad, tú tendrás más posibilidades de resolver el problema que la parte que se empeña en sólo ver la realidad desde su marco de referencia.

Pero no me creas, ponlo a prueba. La próxima vez, intenta no mantenerte en una postura inflexible. Trata de aceptar que el otro puede estar viendo cosas que tú no puedes ver (por lo menos en ese momento) e intenta tomar en cuenta lo que dice, aceptar que eso también puede ser verdad, tan verdad como la tuya. Observa si, al cambiar tu actitud rígida y volverte más flexible, puede ocurrir algo diferente a lo que siempre pasa... algo que, de alguna manera, abra nuevas puertas hacia el entendimiento de ambos.

¿Quieres tener la razón o ser feliz?

A veces, cuando nos sentimos heridos o no sabemos cómo reaccionar, usamos la sinceridad para agredir a los demás

Ser sincero significa decir siempre la verdad, esto nos convierte en personas confiables y dignas de respeto. Actuar con honestidad es una virtud que se refleja en nuestras relaciones interpersonales.

Sin embargo, hay personas que confunden la sinceridad con una oportunidad para agredir a otros, hacen comentarios desagradables sobre situaciones reales, cuyo objetivo es tratar de demostrar su supuesta superioridad en algún aspecto, descargando así su enojo, porque en el fondo les falta aceptación en sus propias vidas. Hay una aparente actitud de sumisión ante los demás, cuando en realidad tienen una profunda resistencia, resentimiento y hostilidad encubiertos.

Se justifican diciendo que siempre dicen lo que piensan, hacen alarde de una supuesta actitud íntegra, tratando de disfrazar su verdadero deseo que es lastimar, descalificar y agredir para poder manipular a su antojo a quienes los rodean. Hacen comentarios desagradables que empiezan con frases como: «¡Es por tu bien!», «¡Sé que te dolerá, pero tienes que enterarte!», «¡Si tan sólo fueras como...!», «¡Te lo dije!» o «¡Cómo has engordado!»

A esta actitud le llamo «lanzar dardos envenenados», y su objetivo es controlar los actos de quien esté cerca. La agresión pasiva es difícil de detectar. Los comentarios son tan sutiles y llevan tanto de verdad que te hacen sentir culpable y enojado sin saber por qué.

Es difícil lidiar con este tipo de gente tóxica, que vive en conflicto con figuras de autoridad, además de establecer relaciones en las que arriesga poco. Por lo regular el manipulado es quien lleva la mayor parte del peso del vínculo, tanto en el área afectiva como económica.

El manipulador se empodera y adueña de la situación al tener menos que perder. El manipulado, al poner todo en juego, se vuelve más vulnerable.

La fuente de nuestro sufrimiento no es ocasionada por lo que nos hacen o dicen los demás, sino por lo que nos hacemos nosotros mismos al compararnos, juzgarnos, devaluarnos, insultarnos y estar descontentos por lo que nos falta o no somos, es decir, al no aceptarnos.

Casi todos los aspectos de nuestra vida están relacionados con la opinión que tenemos de nosotros mismos.

Refuerza tu autoestima, descubre cuáles son los mecanismos internos que te llevan a sostener una relación de este tipo.

¿Cuáles son tus temores? ¿Qué podrías perder?

Si bien es una realidad que no queremos convertirnos en ermitaños y alejar a todas las personas de nuestras vidas, sí está en nuestras manos la forma en que vamos a relacionarnos con ellas. Procura no engancharte ante sus agresiones, así evitarás sus chantajes.

El chisme y sus consecuencias

¿Alguna vez has sido víctima de chismes? ¿Inventan historias falsas de ti, o tal vez contaste algo confidencial a alguien de confianza que terminó defraudándote? Aunque a algunos chismes no les damos mucha importancia, son formas de violencia que puede causar serios problemas a quienes las padecen, y también son utilizadas como mecanismo de control social.

El chisme, como instrumento de violencia, ocurre en todos los niveles de las sociedades, aunque existen sectores que son particularmente vulnerables, como los adolescentes y las mujeres de comunidades rurales.

¿Quiénes son más chismosos, los hombres o las mujeres? Las encuestas han revelado que tanto los hombres como las mujeres son igual de chismosos.

Las víctimas de los chismes pueden sufrir depresión, baja autoestima o problemas de adaptación, pero en sociedades fuertemente religiosas pueden tener consecuencias mayores.

Las víctimas más vulnerables, por lo menos en ambientes laborales, son las que van en proceso ascendente y logran resultados contundentes y visibles. Otras potenciales son las que se exponen con actuaciones inadecuadas en eventos públicos.

El daño a la integridad, a la imagen personal y a la autoestima muchas veces es irreparable. La víctima queda en desventaja, herida, con miedo y puede incluso volverse agresiva. Los chismes pueden orillar a algunas personas a quitarse la vida. En México no hay estadísticas del número de suicidios cometidos por esta causa. Especialmente en las redes sociales esto pasa mucho.

Los chismes tienen tres temas de preferencia que son los siguientes: de índole sexual, apariencia física o desempeño profesional.

Aunque el chisme no siempre es negativo, ya que a través de esta información se saben cosas que de otro modo se mantendrían ocultas, y que son importantes en las empresas. Pero cuando perjudica la reputación de una persona, ¡es algo mucho más serio de lo que pensamos!

Quienes viven entre chismes gustan de enredar, intrigar, calumniar y murmurar, son aquellos que no cuentan con méritos propios, por lo mismo, tienen el propósito de afectar la vida de sus semejantes.

Además de dar información ambigua sobre alguien, se amparan en el anonimato, no miden las consecuencias destructivas de sus dichos, disfrutan de lastimar a quienes se encuentran en el camino, con ello descargan su frustración, envidia o sentimientos de inferioridad. Se amparan en frases como: «Me han dicho que... pero es sólo un rumor», «No estoy seguro, pero me contaron que...», «El primo de un amigo, que trabaja ahí, me lo aseguró».

....

Si quieres detener un chisme, simplemente no lo repitas.

....

A los profesionales del chisme se les puede mantener a raya, ya que son inseguros, ansiosos y asumen el control de las situaciones desde el ataque social, amparados en el anonimato. Una forma de neutralizarlos es evitar escuchar lo que dicen de otros, porque alguien que habla mal de un tercero en tu presencia seguro hablará pestes de ti a tus espaldas.

Los receptores de la información pueden cortar el teléfono descompuesto *absteniéndose* de divulgar el chisme, informando a quien está siendo blanco de las murmuraciones o conminando abiertamente a quien las genera o reproduce, estimulando así una sanción social a estos comportamientos.

La resolución y la firmeza son claves. A un chismoso no hay que contarle nada y no hay que permitirle que hable de terceros que no están presentes.

El chisme es un vicio que se puede prevenir con asertividad.

Agradece lo que sí tienes

Einstein decía que hacer lo mismo y esperar resultados diferentes es sinónimo de locura.

Nunca es tarde para empezar una nueva historia.

Es momento de que cambiemos nuestro lenguaje, pues no lo utilizamos sólo para comunicarnos, sino también para darle sentido a nuestra vida, por lo tanto, lo que hacemos es crear *mapas* o representaciones parciales de nuestra experiencia.

El lenguaje no sólo *describe* la realidad, sino que es acción y creación de realidades. Es a través del lenguaje, de las historias que nos contamos a nosotros mismos y que otros cuentan de nosotros, que sabemos quiénes somos.

Si nuestra historia dominante, es decir, lo que nosotros constantemente contamos acerca de nuestras vivencias, está saturada de problemas, enfermedades, carencia o abandonos, aun cuando pretendamos tener una actitud estoica, donde nos llamamos tolerantes ante los eventos que nos han dolido, repetiremos las mismas decisiones que nos llevaron a estos conflictos porque estamos reciclando el relato.

Si queremos un cambio profundo, es necesario empezar a hacer una descripción diferente de nuestra vida, no se trata de inventar un cuento, o de contar la vida que nos hubiera gustado tener, en realidad lo que es pertinente observar son las cosas buenas que *sí* nos sucedieron y poner nuestra atención ahí. Quizá tuviste un padre que te abandonó, pero también hubo una madre que se quedó para cuidarte, probablemente no sentiste el apoyo de tu familia, pero hubo un amigo o un jefe con quien *sí* contaste en todo momento. Pon tu enfoque en las cosas buenas que *sí* pasaron para contar una historia más amable de tu vida.

Cuando hacemos un recuento de las cosas buenas, la gente que nos ha amado, las oportunidades que nos han brindado y de todas las cosas positivas, sentimos satisfacción con lo que hemos vivido, entonces agradecemos lo que *sí* tenemos, ese estado de gracia nos da la claridad de pensamiento para construir lo que *sí* queremos en lugar de estarnos quejando de lo que nos falta, y en ese bienestar es donde tomamos las decisiones y acciones asertivas que nos llevarán a vivir en plenitud.

Por las mañanas, al levantarte, date la bienvenida a un nuevo día lleno de oportunidades y, frente al espejo, mírate fijamente a los ojos diciendo: «Tú puedes, vales y mereces ser feliz».

Los responsables directos de que nos sintamos capaces o no, son nuestros pensamientos. A través de sus mensajes nos sentimos fuertes y poderosos o débiles e incapaces.

¿Cómo sería tu vida si tuvieras plena confianza en ti y en lo que estás construyendo en tu vida personal?

Hagamos un ejercicio, si te quedara un mes de vida, ¿qué harías?

- ¿Te tratarías igual o cambiarias algo?
- ¿Elegirías a las mismas personas para que formen parte de tu vida?
- ¿Continuarías en el mismo trabajo?
- ¿Cambiarías algo de tu imagen física?
- ¿A qué dedicarías el tiempo?
- ¿Qué cosas de tu vida te gustaría cambiar?
- ¿Por qué necesitamos pensar en situaciones extremas para cambiar lo que no nos gusta de nuestras vidas?

Empieza una agenda con las cosas que has dejado de hacer a lo largo de tu vida por temor, por los demás, porque no es el momento propicio, por tantos y tantos pretextos que hasta hoy no te han permitido ser feliz.

El autoconcepto es un conjunto de ideas, emociones y convicciones que tenemos respecto a nosotros mismos y que hemos ido aceptando como ciertas en el transcurso de nuestra vida, independientemente de que sean verdad o no, es la imagen que tenemos de nosotros mismos. Esta imagen se forma a partir de un buen número de variables, pero particularmente nuestras interacciones con las personas importantes en nuestras vidas son lo que influye. Es la percepción de nuestras capacidades y nuestra singularidad, y a medida que pasan los años, estas percepciones se vuelven mucho más organizadas, detalladas y específicas.

De acuerdo con una hipótesis conocida como la «teoría de la identidad social», el autoconcepto se compone de dos partes fundamentales: identidad personal e identidad social.

Nuestra identidad personal incluye cosas tales como los rasgos de personalidad y otras características que hacen a cada persona única. La identidad social incluye los grupos a los que pertenecemos dentro de la comunidad, la religión, la universidad o la propia familia.

Para el psicólogo humanista Carl Rogers, el concepto de «uno mismo» se compone de tres factores diferenciados:

- **La imagen de ti mismo, o cómo te ves.** Es importante darse cuenta de que la autoimagen no coincide necesariamente con la realidad. La gente puede tener una autoimagen inflada y creer que las cosas son mejores de lo que realmente son. Por el contrario, las personas también son propensas a tener una autopercepción negativa, entonces exageran sus defectos o debilidades.
- **La autoestima, o cuánto te valoras.** Una serie de factores puede afectar la autoestima, incluso cómo nos comparamos con los demás y cómo responden los demás ante nosotros. Cuando la gente responde positi-

vamente a nuestra conducta, somos más propensos a desarrollar una autoestima positiva.

- **El *yo* ideal, o cómo te gustaría ser.** En muchos casos, la forma en que nos vemos y cómo nos gustaría vernos a nosotros mismos no coincide.

Congruencia e incongruencia

Los autoconceptos no siempre están perfectamente alineados con la realidad, pues el grado en que la autopercepción coincide con la realidad determina el grado de congruencia o incongruencia.

Es probable que la incongruencia tenga sus primeras raíces en la infancia. Si los padres condicionan el amor que les dan a sus hijos según su estado de ánimo, hacen que se lo ganen por medio de ciertos comportamientos, los niños tergiversan los recuerdos de experiencias en las que se han sentido indignos del amor de sus padres.

En alguna ocasión escuché a un hombre comentar que siempre pensó que era hijo de su hermana mayor, hasta que por motivos legales tuvo que hacer una prueba de ADN y se comprobó que era su hermana, pero esta creencia lo ayudó a superar el dolor causado por su madre, quien siempre fue distante y hostil, y no lo quiso y cuidó como merecía el hijo menor.

O también están esas personas que todo el tiempo tienen que contar historias donde sus actos de heroicidad siempre están patentes, necesitan ser vistas y quieren generar admiración, aunque por su protagonismo logran el efecto contrario.

En cambio, el amor incondicional ayuda a fomentar la congruencia. Los niños que experimentan este tipo de amor no recurren a modificar los recuerdos para creer que otras personas los aceptan como realmente son.

Existen testimonios sobre bebés que tenían pocas posibilidades de vivir, y lo lograron por el afecto y abrazos de la enfermera que los cuidó en esos momentos difíciles. Por curioso que pueda resultar, también el afecto nos nutre, nos brinda fortaleza y sentido de pertenencia a un grupo reducido de personas con las que nos identificamos, con las que discutimos, pero también con las que nos sentimos seguros y felices, puesto que son los nuestros.

Deja de pensar que los demás son mejores que tú, o de verlos como si fueran tontos.

Tu vida no tiene que ser heroica para merecer afecto, atención y aprobación de los demás.

Aprende a recibir las críticas constructivas en lugar de sentirte afectado por lo que dicen los demás.

Todos tienen la libertad de pensar lo que quieran, o ser diferentes, sin que ello influya en la estima que les profesas.

Acepta tus limitaciones y valora tus virtudes, está bien ser como eres.

¿Cómo andas en tu capacidad para demostrar el afecto? ¿Para abrazar a otros?

Algunas personas no aprendieron a demostrar su afecto, primero porque en su familia de origen no acostumbraban abrazarse o tener cercanía, es probable que en los primeros años de vida con la inocencia infantil pidieron el amor que necesitaban y les fue negado con frialdad, con burlas o regaños, quizá les resulten familiares las siguientes frases: «Sólo las viejas se besan», «No me estés quitando el tiempo», «Me mancharás la ropa», etcétera.

Cuando estás con tu pareja, ¿sabes demostrar tu amor? ¿O esperas que lo dé por hecho?

Para mejorar las relaciones se requiere asertividad, que es la habilidad personal que nos permite expresar lo que pensamos, sentimos y opinamos, oportuna y adecuadamente, sin negar ni descalificar los derechos de los demás. Es lo que nos permite interactuar efectivamente en cualquier situación siendo directos, honestos y expresivos.

> **Sólo en el respeto profundo por uno mismo podemos respetar a los demás.**

La capacidad para decir *no*, para pedir favores y hacer requerimientos, para poder expresar sentimientos tanto negativos como positivos y la capacidad de iniciar, continuar y terminar conversaciones, es parte de conocer nuestros derechos personales, el punto medular para tener una conducta asertiva, cabe mencionar que ésta tiene tres pilares básicos:

1. Autoafirmación.
2. Expresión de sentimientos positivos.
3. Expresión de sentimientos negativos de manera adecuada y respetuosa.

Las características de las personas asertivas son las siguientes:

- Tienen confianza en sí mismas.
- Se saben aptas para enfrentar las circunstancias, no temen a mostrarse vulnerables, están seguras de que

pueden enfrentar cualquier reto, al contrario de las personas inseguras, que ponen un escudo y viven a la defensiva, no pueden poner límites ni decir *no*.

- Respetan su opinión y, por ende, la de los demás.
- Pueden asumir cuando se equivocan.
- Están en contacto con sus propias emociones y validan las de los demás, con ello logran buenas relaciones interpersonales, pues logran la empatía y el entendimiento con los demás individuos. Favorecen la verbalización de lo que piensan. Establecen un puente de confianza con quienes se relacionan.
- Saben escuchar.
- No sólo oyen, sino que escuchan de verdad, prestan atención a lo que la otra persona dice, siente y expresa.
- Se conocen a sí mismas.
- Se aceptan incondicionalmente y, por lo tanto, aceptan a otros como son.
- Eligen a sus amistades.
- Conocen sus limitaciones y se esfuerzan por mejorar, se comprometen a dar lo mejor de sí.
- Regulan sus emociones.
- Reconocen los retos y los enfrentan de manera serena.

Pensamos que las relaciones interpersonales surgen de casualidad, porque sí, quizá sólo porque hacemos química con otros. Si bien es cierto que existen factores que nos permiten ser más empáticos con quienes tienen cosas en común con nosotros, también es una realidad que, si sabemos comunicarnos de manera adecuada, nos será más sencillo formar vínculos sanos.

Comunicar es más que simplemente hablar

No sólo nos comunicamos con palabras, pues decimos más con todo nuestro cuerpo, sobre todo con nuestras acciones.

También cuando escuchamos o creemos no hacer nada estamos comunicando, además enviamos y recibimos información, tanto a nivel consciente, como subconsciente.

....

**La verdadera comunicación empieza
por escuchar y observar.**

....

No existen fórmulas universales que nos garanticen el camino para obtener una vida más satisfactoria. Lo que puede ser bueno para ti, probablemente no lo sea para mí. Pero quizá algunas situaciones comunes nos sirvan a la mayoría. Uno de estos factores para alcanzar mayor felicidad se centra en las relaciones humanas, y la mejor manera de formarlas y conservarlas es con base en la comunicación efectiva que nos lleva a tener lo siguiente:

- Facilidad para relacionarnos
- Capacidad de ser empáticos
- Seguridad para superar dificultades
- Autocontrol
- Generosidad
- Alegría y sentido del humor

Podríamos pensar que se nace con «don de gentes» y que es la única manera de poseer esta cualidad, pero debemos saber que todos tenemos el potencial de adquirirla.

Contra la depresión, acción

Ésta es una enfermedad que desafortunadamente se ha convertido en un mal común en nuestras vidas, pues afecta el estado de ánimo y la manera de concebir la realidad.

Éste no es un estado pasajero de tristeza que puede ser considerado como una reacción normal ante un acontecimiento negativo (como la pérdida de un ser querido, un divorcio o situaciones similares). Si crees que has perdido el entusiasmo por las cosas que antes te otorgaban felicidad, si hay momentos en los que prefieres estar triste, desesperanzado, desanimado o aislado, te quedas largos periodos en la cama con las cortinas cerradas y a menudo recurres a expresiones como «Me siento dentro de un hoyo» o «Creo que toqué fondo», muy probablemente estás deprimido.

Este mal afecta en gran medida el desarrollo de la vida cotidiana de una persona, de ahí la importancia de tomar medidas adecuadas para salir de esto.

Entre los síntomas están los trastornos del apetito, pues comemos muy poco y perdemos peso, o comemos por ansiedad y aumentamos sensiblemente de talla. Son comunes los trastornos del sueño: dificultades para quedarse dormido, sueño interrumpido, o demasiada somnolencia.

Es probable que sintamos una fatiga constante, y hasta la tarea más pequeña puede parecer difícil o imposible de lograr.

A esto se agrega un sentimiento de minusvalía, pues creemos que todo lo hemos hecho mal; y constantemente estamos haciendo un recuento de nuestros errores, magnificándolos. Nos reprochamos incluso detalles mínimos y buscamos en el ambiente cualquier signo que refuerce la idea de que no valemos nada.

Hay sentimientos de culpa, igualmente exagerados, sobre situaciones presentes o pasadas. Es frecuente que tengamos dificultades para concentrarnos y que nos cueste tomar decisiones o recordar las cosas pasadas.

También se presentan síntomas como llanto frecuente, sentimientos de angustia, irritabilidad, mal genio, preocupación excesiva por la propia salud física, ataques de pánico y fobias. La depresión puede generarse por lo siguiente:

- **Factores químicos**, como la falta de serotonina en nuestro organismo o el consumo de sustancias como drogas o alcohol.
- **Factores genéticos**, ya que la propensión puede ser hereditaria.
- **Factores psicosociales**, pues puede deberse a eventos traumáticos o ciertos patrones de comportamiento, como la inseguridad en el carácter, la baja autoestima y la ansiedad.

La depresión genera grandes pérdidas en nuestras vidas, pues al pasar largos periodos de aislamiento perdemos amistades, trabajo y muchas cosas más.

Cuando las cosas no suceden como nos gustaría, entramos en frustración, esto detona la ira que termina por convertirse en un periodo de autocompasión, cayendo en depresión. Si no tomamos medidas adecuadas, esto se convierte en un círculo vicioso que no nos permite salir.

No se trata de minimizar lo que sentimos, pues es casi seguro que lo que nos llevó a este estado fue sentir que nuestros problemas nos superaban. Lo importante es cómo podemos salir. Los problemas no se van a resolver por sí mismos, como por arte de magia.

Contra la depresión, acción. Lo primero es preguntarte si de verdad quieres continuar así. Sal de la cama (nunca la dejes sin tender), abre las cortinas y la ventana, date un baño, sal a la calle, aunque sea para dar una vuelta a la manzana, el ejercicio físico ayuda a generar endorfinas y éstas te hacen sentir mejor. Haz un recuento de las cosas valiosas que has hecho y que tienes en la vida, por pequeñas que parezcan, y enlista esas metas que aún puedes lograr. Siempre se puede salir adelante.

¿Acaso no merece tu preciosa vida un esfuerzo por alcanzar tus más preciados sueños? Por supuesto que vale, y mucho, la pena que salgas a construir la vida que deseas tener. Da el máximo esfuerzo, pues eres la persona más importante de tu existencia. Hazlo sólo por ti.

Busca ayuda para salir del espacio de autocompasión. Sal al mundo a buscar un nuevo trabajo, amistades, una nueva vida. Sólo así lograrás escapar de ese espejismo llamado depresión.

Disciplina, principio del éxito

Para romper con los viejos patrones conductuales requerimos de disciplina, que es el cimiento del éxito. Disciplina, de acuerdo con el diccionario, es un «conjunto de reglas o normas cuyo cumplimiento de manera constante conducen a cierto resultado».

Solemos confundir la disciplina con rigidez o largos periodos de trabajo irritante y aburrido, autosacrificio, autonegación, pero nada más alejado de la realidad. Disciplina es la capacidad de experimentar la alegría por alcanzar tus más caros anhelos, es trabajar en forma sistemática y progresiva hacia una meta, hasta alcanzarla, adquiriendo conocimiento y destrezas; es la capacidad para obsesionarse positivamente con un propósito definido, sin rendirse.

Trabajar día tras día, semana tras semana y año tras año sin darte por vencido.

La disciplina no nos llevará por sí misma a alcanzar todas las metas, pero si no la tenemos, difícilmente llegaremos al lugar que nos hemos propuesto. Para conseguir tus propósitos debes crear rutinas y cumplir tus promesas, así como evitar alejarte de éstas, sin importar la situación.

Toma en cuenta los siguientes factores:

- **Reconocimiento.** Si estás consciente de la importancia del tiempo, entonces tendrás un concepto distinto de él y aprenderás a controlarlo para alcanzar tus metas y máximo potencial.
- **Decisión.** Todo logro sigue a una toma deliberada de decisión: acción. Existen tres tipos de acción: iniciar nuevas cosas o implementación, seguimiento y terminación. Cuando has tomado una decisión, tienes que empezar a actuar en torno a ella.

Acciones repetitivas que forman hábitos positivos:

¿Cuáles son los hábitos vinculados con el éxito?

- Puntualidad
- Responsabilidad
- Autoexigencia
- Pensamiento positivo
- Perseverancia

Para transformar lo que no deseas, primero toma conciencia de tu situación. Para continuar, elige y formula, de manera concreta, un hábito que consideres que te llevará a lograr tu objetivo. No caigas en la tentación de justificar tus malos hábitos, pues te alejan del bienestar.

Dedica a tu nueva rutina por lo menos cinco minutos al día, todos los días. La repetición es la base.

Busca las situaciones propicias para llevar a cabo las primeras acciones. Lleva un registro de tus acciones y premia tus avances, comparte tus temores y dificultades con alguien cercano, para evitar el autosabotaje.

Y no te olvides de insistir cuantas veces sea necesario durante veintiún días. Acostúmbrate a vivir con pensamiento positivo:

- Establece nuevas creencias y actúa en consecuencia.
- Define lo que quieres en la vida y haz un mapa de cómo llegarás ahí.
- Ya no postergues.

Renuncia a dejar las cosas a medias

Muchas personas tenemos el mal hábito de dejar las cosas a medias, empezamos con un impulso espectacular, como un cohete, con toda la fuerza, nuestras intenciones están en lograr una meta que transformará nuestras vidas, les platicamos a todos nuestros parientes y amigos que ahora sí vamos a hacer algo monumental, pero al pasar de los días esta iniciativa comienza a perder fuerza, tenemos olvidos, ya no estamos tan motivados, nos sentimos abrumados ante las responsabilidades, nos angustiamos, empezamos a escondernos de todas esas personas con quienes hablamos del tema; el empuje inicial comienza a perder fuerza y es cuando llegan las justificaciones.

Podemos culpar a la falta de motivación, a que no nacimos para ser exitosos y felices, o que por alguna razón muy poderosa no podemos lograrlo.

Es común que no alcancemos las metas tan sólo porque no sabemos cómo hacerlo, porque no tenemos un referente cercano, como un familiar o amigo que durante nuestra infancia nos enseñara el camino y al primer tropiezo nos damos por vencidos.

Otros factores pueden ser los siguientes:

- **Sentimiento de fracaso, inutilidad o baja autoestima.** No conseguir nuestro objetivo puede originar problemas a la hora de valorarnos y confiar en nuestras decisiones.
- **Distracción.** No acabar una tarea puede llevarnos a la distracción inútil y pérdida de tiempo.
- **Retraso en otras tareas.** Si estamos pendientes de acabar un proyecto, no podremos afrontar eficientemente otros, pues nuestra atención no será plena.
- **Estrés.** Cuantas más cosas sin acabar tengamos, más ansiedad, agobio y estrés nos producirán.

Pero el factor que más nos afecta es no tener un compromiso de fondo con nosotros mismos y no contar con una guía del camino que queremos recorrer. Este mapa se logra al poner por escrito y a detalle ese algo que queremos lograr y para qué lo queremos lograr, con una fecha específica para cada paso, cuántas cosas tenemos a favor y cuáles son nuestros puntos débiles, además de observar nuestras áreas de oportunidad.

¿Estás dispuesto a sacrificar algunas cosas, como tiempo de descanso, algunas vacaciones, dejar de ver a los amigos por un tiempo o no acudir a las fiestas, por dedicarte en cuerpo y alma a tu proyecto?

A través de la acción, en el camino encontrarás la motivación verdadera, un propósito que no se establece por escrito y a detalle, como te mencioné, no deja de ser un buen deseo, el cual abandonaremos ante el primer obstáculo.

Recuerda que nadie nació con el conocimiento. Tener la humildad de pedir ayuda a quienes ya lo lograron te puede hacer el camino más sencillo.

La vida es injusta o ¿quieres evadir la realidad?

La mayoría de las personas hemos enfrentado algún tipo de carencia en la infancia o juventud, ya sea por abandonos, malos cuidados, pobreza, enfermedades o simplemente desinterés de la familia.

Esta sensación de que todos son más felices o viven mejor, además de que las cosas no nos salen como nos gustaría nos deja una sensación de que la vida es injusta, como si un destino fatal o una maldición pendieran sobre nuestras cabezas y no pudiéramos alcanzar lo que anhelamos.

Pensar que la vida es injusta nos llena de resentimiento, angustia y nos paraliza. Mantenernos en este estado de autocompasión nos desempodera. Ésta es una sensación que podemos modificar.

Martin Seligman, el llamado padre de la psicología positiva, ha hecho muchas investigaciones acerca del síndrome del desamparo adquirido. Después de varios experimentos descubrió que si un ser vivo, tras hacer múltiples intentos para enfrentar los retos cotidianos o cambiar su realidad, no logra éxito en su intención, finalmente se da por vencido, se somete ante lo que está sucediendo y piensa que nunca, bajo ninguna circunstancia, logrará hacer cambios. Así que se da por vencido.

En realidad, la vida tiene sus matices, está llena de retos, pero estamos acostumbrados a verlos como graves problemas que no podemos superar.

El asunto no es que la vida sea injusta, el problema es lo que entendemos por justicia. Esperamos lo siguiente:

- Que todo sea fácil.
- Que la riqueza llegue a nuestras vidas sin esfuerzo de por medio.
- Que todos nos amen, aunque a veces critiquemos a otros.
- Que nuestra pareja nos haga felices sin dar nada a cambio.
- Que los que consideramos malos tengan su castigo.
- Que los buenos siempre sean felices y sanos.

Así que, ten claro que tu concepto de justicia es algo inalcanzable, es simplemente un manto de ilusión que sueñas hacer realidad. ¿Te imaginas cómo sería la vida si cada concepción de justicia ocurriera y fuera cierta?

Nadie buscaría al amor de su vida, todos esperarían a que llegara como caído del cielo; las empresas únicamente fracasarían si todos los que trabajaran en ellas fueran malas personas, los matrimonios sólo acabarían cuando ambas personas murieran y la lluvia sólo caería sobre las personas que la merecen.

....

Tú decides si te pasas la vida pensando qué tan injusta es o decides adaptarte a ella y sacarle el máximo provecho.

....

Aceptar la vida tal como es te da la oportunidad de concentrarte en tus objetivos, en lugar de quedarte paralizado pensando en las cosas que no son como tú quieres.

Aceptar nos permite dejar de ser víctimas de las circunstancias para ser protagonistas de nuestra vida, no es resignarse, es reconocer, comprender.

Para salir adelante no basta con tener buena voluntad

Es natural que en algunos momentos nos sintamos desanimados ante lo que nos está sucediendo, o ante una cadena de eventos difíciles como la frustración al no haber alcanzado una meta, abandonar nuestros sueños, un divorcio o separación, falta de salud física y emocional, inseguridad, problemas económicos y la pérdida del empleo, entre otros. Esto nos llena de temores, algunos reales y otros no tanto, nos hace suponer que las cosas no cambiarán, estamos sin saber qué hacer, pensando que no somos capaces de salir adelante.

Es probable que todo esto nos lleve a tener una baja autoestima, haciendo poco objetiva la opinión que tenemos de nosotros mismos, que tengamos una visión fatalista hacia el futuro, que seamos poco entusiastas, con negatividad, y nos convirtamos en seres autocompasivos.

Nos paralizamos esperando que algo grande suceda y cambie nuestra suerte. Así puede pasar una vida entera.

No es cierto que una persona sea indeseable o completamente inútil. Es fácil llegar a autocríticas destructivas que fortalecen los pensamientos pesimistas, pues el hacer cambios internos profundos requiere un esfuerzo que alguien en depresión prefiere no asumir.

Jugar el papel de víctimas sólo empeora las cosas, por ello es importante superar esos momentos y no perder de vista que somos los responsables de generar nuestro bienestar en la vida.

Para tener grandes cambios, necesitamos estar motivados y ser disciplinados.

Tenemos la creencia equivocada de que algo sucederá diferente y entonces sí haremos las cosas. No es así.

La motivación nace de una necesidad, no llega a nuestras vidas por arte de magia, la provocamos a través de la acción y es necesario mantenerla para lograr los objetivos.

Si quieres motivarte para encontrar un empleo, tener pareja, bajar de peso, hacer ejercicio o en cualquier otra área de tu vida, preguntarte «para qué» es un buen principio.

Necesitamos tener muy claro cuáles son nuestras metas, a dónde queremos llegar. Cuáles son los beneficios que obtendremos. ¿Tenemos un proyecto claro o es tan sólo una buena idea sin aterrizar? ¿Estamos dispuestos a pagar el precio de esforzarnos lo suficiente por ello? ¿Cuáles son las herramientas con las que contamos (habilidades, fortalezas, recursos)? ¿Cuáles son los obstáculos (debilidades)? ¿Cuánto tiempo le vamos a dedicar?

Postergar no es opción. El siguiente paso es la acción.

¿Qué pasos tenemos para empezar a lograr nuestros objetivos? ¿A qué personas hay que recurrir? ¿Se requiere algún tipo de apoyo? ¿Necesitas capacitación extra? Hoy a través de internet la información es gratuita.

> **La competencia en todas las áreas es cada vez mayor, de ahí la importancia de dar lo mejor de ti.**

Ponte metas definidas y a corto plazo. Procura ser objetivo con la realidad, si hay metas y expectativas demasiado elevadas e inalcanzables, lo que buscas no es motivación para salir adelante en la vida, buscas una justificación para decirte por qué no alcanzas tus sueños.

Los pequeños y grandes logros que vayas teniendo a lo largo del camino son los que te darán la motivación que estás buscando; sólo experimentando el bienestar lograrás sentir la fuerza que requieres para salir adelante.

Hay que saber decir adiós

No siempre podemos resolver los problemas con todas las personas, por más que nos esforcemos, a veces hay que decir adiós, por nuestro propio bien.

Las personas tóxicas no saben que lo son, están enfermas y enferman a los demás, pero no tienen conciencia de su grado de toxicidad, ésa que te lleva a la pérdida de tu paz interior, a discusiones acaloradas fuera de todo contexto racional y de las buenas costumbres, a la incomodidad corporal, dolores de cabeza, dolores musculares, dolor de estómago, en fin, cualquier dolor en el cuerpo que indica que te estás relacionando con gente dañina.

Dichas personas hablan todo el tiempo, no valoran el silencio, la meditación, no pueden hacerlo porque, como tóxicos al fin, necesitan desesperadamente la energía que tú les proporcionarás para que sus vidas puedan tener algún sentido, y si juegas el juego, ellos se energizarán a tus costillas. Evita su cercanía. Reconoce la peste de la negatividad.

Es natural que, en algún momento, en la vida de cualquier persona, aparezcan comportamientos de envidia, de agresión o de crítica. Pero son pasajeros.

Sin embargo, hay personas que viven permanentemente enojadas, porque el enojo las hace sentir fuertes, necesitan descalificar y agredir por su enorme inseguridad interna. El malestar personal y lastimar a quienes los rodean con el afán de validarse a sí mismos, termina por convertirse en una necesidad, y el deseo de que el otro esté mal les produce una sensación de triunfo interno.

Están tan centradas en sus necesidades y su dolor, que sienten que el universo entero se las debe, no conocen los límites, justifican para no tener culpa, no las angustian sus conductas, ven a quienes las rodean como una cosa, un objeto para ser usado y desechado. Al no sentir culpa ni angustia no tienen remordimientos, a menos que lloren como una forma de manipular. Esta falta total de empatía las lleva a cosificar al otro como algo y no alguien. Todas las conductas, cuando son a su favor, son relativas: mentir, engañar, crear conflictos o rumores. Si sirve a sus propósitos utilizan lo que sea sin ningún miramiento.

Curiosamente, piensan que actúan en justicia, y cuando tienen las consecuencias de sus actos no comprenden, porque se sienten personas buenas a las que les suceden cosas malas.

La negatividad es tan fácil de transmitir como lo es una enfermedad contagiosa. Puedes estar de muy buen humor, con muchos proyectos, pero si te encuentras con una persona tan llena de temores y enojada con la vida que sólo tiene la capacidad para ver todo negro, malo y feo, la probabilidad de que tu ánimo decaiga aumenta. Para evitar el contagio te aconsejo lo siguiente:

- No permitas su manipulación, chantaje y control.
- No caigas en su provocación, ni trates de convencer a esa persona de cambiar su actitud, si deseara algo diferente, ya lo habría hecho.
- A veces lo único que buscan es llamar la atención, un poco de afecto o ser escuchadas, intenta ser asertivo.
- Si no puedes manejarlo, aléjate de la persona en cuestión, nada te obliga a estar ahí.
- **Piensa:** ¿por qué les vas a regalar tu bienestar a otros?
- **Recuerda:** eres importante, tu vida es valiosa y mereces ser feliz.

Nada es para siempre, y cuando ha llegado el momento de decir adiós a alguna persona, ya sea porque la relación se desgastó o simplemente terminó su ciclo de vida, es necesario dejar partir la historia que los mantenía unidos.

Nos cuesta tanto trabajo aceptar este cierre de ciclos, que a veces requerimos que suceda algo lo suficientemente decepcionante o doloroso para resolvernos a tomar una decisión, y lo hacemos con ira, para después llegar a la tristeza o la negación.

Las relaciones se establecen por personas con una historia y temperamento, por lo tanto, ni todo es malo, ni todo es bueno.

> **Aprendamos a cerrar ciclos armoniosamente, en amor y gratitud, a tomar lo bueno y el aprendizaje, para ser libres.**

Los negocios, proyectos de vida y amores que no se concluyen bien, tarde o temprano pasan la cuenta. Saber cerrar ciclos es fundamental para seguir adelante, sólo así podemos avanzar a otro nivel y a otro espacio, en una actitud plena, sin ningún tipo de deuda.

Libérate. Celebra la vida. Suelta el remordimiento. Rodéate de personas positivas. Sana tus relaciones personales. Regresa a la familia. Todo estará bien.

La traición o el miedo a confiar

Surge cuando el niño se ha sentido traicionado por alguno de sus padres, principalmente no cumpliendo sus promesas. Esto genera una desconfianza que se puede transformar en envidia y otros sentimientos negativos, por no sentirse merecedor de lo prometido y de lo que otros tienen.

Haber padecido estos problemas en la infancia construye personas controladoras y que quieren tenerlo todo atado y reatado. Si has padecido estos problemas en la infancia, es probable que sientas la necesidad de ejercer cierto control sobre los demás, lo que frecuentemente se justifica con un carácter fuerte.

Estas personas suelen confirmar sus errores por su forma de actuar. Requiere trabajar la paciencia, la tolerancia y el saber vivir, así como aprender a estar solas y a delegar responsabilidades.

CAPÍTULO 6

Entre el amor y la obsesión

....

Temer al amor es temer a la vida, y los que
temen a la vida ya están medio muertos.
BERTRAND RUSSELL

¿Quién no ha estado en una relación en que siente estar poniendo todo de su parte y que su pareja no hace nada?

Los mecanismos por los cuales nos relacionamos son inconscientes; por más que tratamos de reconocer a través de la razón los motivos que nos llevan a estar con nuestra pareja a pesar de vivir en esa dualidad de amor-desamor, no logramos comprender qué es eso que nos une con tanta fuerza.

Nos quedamos en una relación insatisfactoria por costumbre, miedo, dependencia económica, por los hijos o quizá por el qué dirán.

Querer vivir en permanente enamoramiento, pensando que la persona perfecta llegará en algún momento, te lleva a tener parejas inestables, a sentir desilusión y abandono.

¿Cuánta decepción se siente al ver que los proyectos, la esperanza y las ilusiones se disuelven con el tiempo?

¿De verdad quieres sacrificar tu presente y futuro sin hacer nada?

Si estás esperando a que tu pareja cambie para lograr tu felicidad, déjame decirte que las probabilidades de que eso suceda, son mínimas.

Cuando te enamoras y te aferras a alguien que no te corresponde o simplemente no es *su momento* evitas tu felicidad con otra futura pareja, te alejas de la posibilidad de estar enamorado y ser correspondido. Puede ser una actitud a la que recurrimos, como una forma de evitar relacionarnos, por miedo.

Aceptar desprecio, infidelidad, mentira o maltrato en nombre del amor, es síntoma de una actitud codependiente.

En ocasiones no nos damos cuenta de lo permisivos que somos en nuestras relaciones. Con tal de no estar solos llegamos a límites impensables, por el deseo de tener a alguien en nuestras vidas, formando relaciones de dolor.

Ésta es una condición llamada CODEPENDENCIA, misma que está caracterizada por una preocupación y dependencia excesiva (emocional, social y física) hacia una persona, lugar o cosa. Quien la padece, carece de identidad propia, pues pierde conexión con lo que necesita, desea y siente, además de vivir buscando aceptación, haciendo que cuidar de otros se convierta en el eje central de su vida.

La codependencia nace de las familias disfuncionales, de la inestabilidad emocional que se vive en dicho entorno, hace que los miembros de esas relaciones sean gente hipervigilante, es decir, están pendientes de todos y cada uno de los movimientos de las personas que los rodean con el afán de tratar de controlar sus acciones. Al desarrollarse en un ambiente familiar tan estresante como consecuencia de la violencia, el abandono ya sea físico o emocional, la adicción al alcohol o a las drogas, las enfermedades emocionales de sus miembros, la persona codependiente enfoca su atención hacia todo lo que la rodea, en un intento por defenderse de peligros reales o imaginarios.

Se dice que una persona es codependiente cuando permanece en una relación en la que se presentan las siguientes condiciones:

- Cuando te relacionas por miedo a no poder hacerte cargo de ti.
- Si abiertamente no te quieren.
- Si tu pareja pasa de una infidelidad a otra y tú lo soportas estoicamente.
- Cuando detienen tu crecimiento.
- Cuando pisotean tus derechos humanos.

El problema es que la persona codependiente, a pesar de sufrir, vive formando relaciones destructivas, ya sea de amigos, con una pareja romántica, entre padres e hijos, etcétera.

> **Las relaciones codependientes están formadas por un evasor y por quien persigue.**

La codependencia es una adicción, pues hay síntomas de supresión (ansiedad e irritabilidad) cuando la otra persona amenaza con abandonar la relación. Está formada por cinco síntomas nucleares:

1. Autoestima oscilante. De rey del universo a no valgo nada.
2. No poder poner límites adecuados. Se deja entrar a las personas de forma abrumadora, o se ponen muros infranqueables.
3. No ser objetivo con la realidad.
4. No poder definir necesidades y deseos.
5. No ser objetivos con las necesidades y deseos.

La codependencia parece ser amor, pero es egoísmo, lleva a vivir en destrucción, miedo, control, relación condicionada: «Si no cambias te dejo de querer», «Si no haces lo que quiero, te reclamo, te agobio, me siento tu víctima». En la codependencia hay una gran cantidad de manipulación y chantaje. Es una relación abrumadora: «Haré todo lo que sea para que esa persona se ajuste a mí».

En momentos de frustración se genera el abuso o una tremenda tolerancia al abuso. Quien padece esta enfermedad ha llegado a tener una autoestima tan baja que ya no se da cuenta de que están abusando de él. Está dominado por sentimientos enfermizos y no por la razón.

El amor debe ajustarse a la razón. Los codependientes se dejan llevar solamente por sus sentimientos, mismos que se basan en la percepción que se tiene del exterior.

Si no se atiende de manera adecuada, progresa, y el dolor emocional cada vez es mayor. Por ser una adicción, debe tratarse como lo que es, una enfermedad. Para poder terminar con la codependencia es importante tener una autoestima sana, además de un proyecto de vida personal, independiente del proyecto familiar.

No intentes rescatar a otros de
las consecuencias de sus actos.

Es esencial poner atención en qué necesitamos, sentimos y deseamos, hacer que el eje central de nuestras vidas sea nuestro propio desarrollo; es importante que aprendamos a aceptarnos, respetarnos y amarnos exactamente como somos, en ese momento lograremos amar, aceptar y respetar a los otros de una manera sana, generando relaciones genuinas.

De ahí la importancia de curar las heridas emocionales que deja una desilusión amorosa.

Además de tomar conciencia del impacto que tuvo el entorno para que hoy hagamos las cosas de la manera en que acostumbramos y nos relacionemos siempre igual, conocer nuestra fisiología y carácter es importante. A continuación encontrarás dos modelos con los cuales te puedes identificar para conocerte mejor y cambiar lo que no te gusta de tu manera de relacionarte, para poner orden en tu vida y construir aquello que anhelas.

Los cuatro temperamentos

Esta clasificación, cuyo origen pertenece a la medicina greco-árabe, establece cuatro tipos de personalidad que Hipócrates definió basándose en las conductas humanas; su uso inicial fue para tratar enfermedades. Los médicos tradicionales todavía utilizan dicho sistema en todo el mundo.

En un antiguo concepto médico se proponía que las personas tenemos cuatro tipos de *humores* diferentes. Al hablar de *humor* se referían a los fluidos corporales presentes en el cuerpo humano. Las personas tenemos diferentes proporciones de estos fluidos; el predominio de uno define el temperamento y el tipo psicológico. Son los siguientes:

1. **Optimista:** está dominado por la sangre.
2. **Flemático:** lo supera la flema.
3. **Colérico:** donde predomina la bilis amarilla.
4. **Melancólico:** tiene de sobra la bilis negra.

El humor dominante afecta la apariencia y comportamiento personales. Aunque la mayoría de las personas no tiene un temperamento puro, pues cuenta con un tipo mixto con el predominio de uno de los cuatro.

A pesar de que la medicina moderna rechaza esta tipología, se ha utilizado como base en nuevas teorías de la personalidad desarrolladas a partir del temperamento puro, a menudo disfrazado con nombres diferentes.

La doctora Helen Fisher, reconocida por sus investigaciones científicas sobre el amor romántico, propone cuatro tipos: explorador, negociador, director y constructor, los cuales cuentan con muchas de las características de sanguíneo, flemático, colérico y melancólico, respectivamente.

Para Anthony Robbins, motivador y *coach*, son los siguientes: el rey, el guerrero, el mago y el amante.

Personalidad optimista o sanguínea

Son personas animadas, alegres, optimistas, amables, comunicativas, cálidas, pero un tanto inmaduras, por lo mismo son irreflexivas y con un humor que varía según las circunstancias. Sus relaciones son superficiales. Mientras los demás no quieran profundizar en sus afectos, tendrán en un sanguíneo un buen y simpático amigo a largo plazo.

Son aventureros y los atrae el riesgo. No soportan el aburrimiento, corren tras la variedad y el entretenimiento, sin importar sus consecuencias; esta característica los hace tender hacia todas las conductas que buscan el placer, actitud que afecta de manera negativa sus relaciones románticas. Sus constantes antojos los pueden conducir a comer en exceso o al abuso de sustancias, llevándolos fácilmente a ser víctimas de las adicciones.

Son muy creativos y pueden convertirse en artistas. Tienen grandes dotes para ser animadores y, naturalmente, su lugar en el área laboral está en el mundo del entretenimiento. Son buenos para lo siguiente:

- Marketing
- Cocina
- Trabajos que impliquen viajar o temas de turismo
- Moda
- Deportes

Personalidad flemática

La personalidad flemática vive buscando armonía interpersonal y relaciones cercanas. Como cónyuges tienen gran sentido de fidelidad, además de ser padres amorosos. No gustan de grandes cambios, por lo mismo, cuentan con viejos amigos, procuran a sus familiares lejanos y vecinos.

Evitan a toda costa cualquier tipo de conflicto, son grandes mediadores para restablecer la paz y la armonía.

Son serviciales, generosos, siempre observando de qué manera pueden ayudar a los demás. Su mejor desempeño laboral se encuentra en lo siguiente:

- Enfermería
- Maestros
- Psicología
- Cuidadores
- Servicios sociales

Personalidad colérica

Un colérico puro está orientado básicamente a objetivos. Son personas muy inteligentes, analíticas y lógicas. Son un tanto intolerantes y no suelen ser muy buenos compañeros. Ven con desagrado una plática superficial, prefieren las conversaciones profundas y significativas. Buscan estar solos antes de relacionarse con personas poco profundas y superficiales. Disfrutan de la compañía de quienes tengan intereses laborales similares a los suyos. Sus preferencias profesionales son las siguientes:

- Administración.
- Tecnología.
- Estadística
- Ingeniería
- Programación
- Negocios

Personalidad melancólica

Son introvertidos y prudentes. Son reservados y viven atentos a lo que suceda a su alrededor. Son escrupulosos a la hora de calcular todos y cada uno de sus movimientos y prefieren actuar por su cuenta. Optan por la vida en familia y gustan de departir con sus amigos; al contrario del tipo sanguíneo, evitan a como dé lugar la novedad y la aventura. Quien tiene temperamento melancólico difícilmente se casará con un extranjero que abandone su tierra natal para ir a vivir a otro país. Son muy sociales y tratan de contribuir a la comunidad. Son muy ordenados y hábiles gestores. Sus habilidades laborales destacan en áreas como las siguientes:

- Gerenciales
- Contables
- Trabajadores sociales
- Administración

Eneagrama

En griego significa literalmente «nueve letras». En geometría, un eneagrama es una estrella de nueve puntas.

La palabra «personalidad» deriva del latín *personam*, expresión que se refiere a la máscara con que cubrían su rostro los actores durante sus actuaciones dramáticas.

El eneagrama te ayuda a definir tu máscara para poder ser más la persona que la lleva.

Los nueve eneatipos

El eneagrama se refiere a nueve tipos de personalidades o caracteres, los cuales están representados como los vértices de un eneagrama, el cual está dividido en tres triadas:

2, 3, 4: **emocionales**
5, 6, 7: **mentales**
8, 9, 1: **instintivos**

Estas triadas nos indican que hay personas que se rigen por lo mental, lo emocional o son de acción impulsiva.

El eneagrama es un mapa que describe la personalidad divida en nueve caracteres. Define las relaciones entre estas formas de ser, explica las relaciones humanas y las similitudes o diferencias. Además de la forma de interactuar entre los distintos tipos de carácter, define por qué somos afines a determinados tipos de persona o rechazamos a otras, mientras otro tipo de personas nos son indiferentes.

Existen nueve eneatipos o personalidades arquetípicas dentro del eneagrama, el cual busca alejarse de la rigidez del carácter y acercarnos más a nuestra autenticidad.

Cada tipo de personalidad posee un mapa de características que denotan patrones de pensamiento, sentimiento y comportamiento.

El propósito principal del eneagrama es apoyarnos para reconocer el tipo de uno mismo, además de los patrones y hábitos asociados a ese tipo para comprenderse, desarrollarse y así convivir mejor con nuestras tendencias actitudinales. Ésta puede ser una gran herramienta para conocerte y para mejorar tu calidad de vida.

Las experiencias que vivimos en los primeros siete años de vida influyen en las decisiones que tomaremos durante el resto de nuestra existencia.

El amor de nuestros padres y los cuidados que nos prodigan son lo más importante; serán las columnas que sostendrán los elementos que requiere una persona para ser apto al enfrentar la vida, y ser autosuficiente; este mecanismo de supervivencia fue útil y valioso, pero al llegar a la vida adulta puede ser un obstáculo de crecimiento, pues toda persona en su desarrollo, y más en la niñez, negó unas formas de ser y de hacer para poder avanzar y acercarse a una percepción, mientras se alejó de otras percepciones o formas de pensar y de sentir.

Así como una niña eneatipo 3 descubrió que podría agradar a sus padres mostrándose eficaz, un niño eneatipo 5 encontró en el aislamiento un escape ante una madre invasiva, dominado por la avaricia se convirtió en una persona introvertida que creó su propio mundo de ideas y percepciones.

Por otro lado, es muy importante detectar hacia dónde se dirige nuestra atención: al conocimiento, al romanticismo, al poder, a la tranquilidad, a la justicia... ¿Cuáles son nuestros temas clave? Aprendiendo sobre el tipo de cosas a las que se atiende y dedica energía habitualmente, uno puede observarse de forma más precisa y desarrollar más conocimiento sobre sí. Con la ayuda del eneagrama podemos ejercer mayor elección sobre el propio comportamiento en lugar de entrar en patrones automáticos de pensamiento y emoción de forma automática, rutinaria e inconsciente, que es a lo que nos induce el carácter.

Se trata de cambiar el automatismo, transformar lo automático en elección y respuesta, la capacidad de responder según nuestras necesidades reales y genuinas. El eneagrama pretende dar más luz y conciencia a lo que somos y a lo que hacemos con lo que somos.

Cada eneatipo está dominado por una pasión, una emoción o motivación que nos condiciona y regula nuestra forma de pensar, sentir y percibir la existencia, además del vivir. El eneagrama está formado por nueve pasiones, siete de ellas provienen de los pecados capitales:

- Ira
- Orgullo
- Envidia
- Avaricia
- Lujuria
- Gula
- Pereza

A las cuales se les suman los siguientes:

- Miedo
- Vanidad

Los eneatipos tienen nombres tan variados como cada autor que los describa. Esta descripción es como sobrevolar un gran país formado por nueve estados o culturas; desde la cabina del piloto la descripción de cada estado es orientativa, explican *grosso modo* qué temáticas son las más imperantes en cada eneatipo, para facilitar una primera toma de contacto.

Es habitual referirse a las personas de cada eneatipo por el número del punto del eneagrama, así, si yo soy un 5 y tú quién sabe. Esta forma de hablar tiene como objetivo simplificar la comunicación y facilitar mi zona psicológica y mi lugar de conexión con los demás; esto no quiere decir que toda mi persona se limite a las características de un eneatipo 5, sino que mi tendencia es enfrascarme en las temáticas, formas de sentir, de hacer y de pensar de este eneatipo.

El eneagrama me informa de mis limitaciones, peligros y virtudes, ya que a cada eneatipo también le pertenecen dones adquiridos en el desarrollo *caracterial*. Por ejemplo, un 7 suele ser astuto y un 3 eficaz, esto ya lo tienen, aquí la cuestión es seguir avanzando, no sufrir más de lo necesario y acercarse al bienestar.

- **Eneatipo 1.** Dominado por la ira, busca la perfección en todo. Tiende a transformar su ira en normas, leyes, estudios, pues no la considera una cualidad perfecta. Busca la perfección y habla en términos de lo que está bien y lo que está mal, sin términos medios. En su estado más consciente y equilibrado, es tolerante y muy ético. Por ejemplo: Margaret Thatcher y Mahatma Gandhi.
- **Eneatipo 2.** Dominado por el orgullo, es un rescatador nato, ayuda a todos. Tiene personalidad seductora, se esfuerza para sentir que el otro lo necesita. No espera nada a cambio, pero al menos quiere el agradecimiento, tiene poca o casi nula tolerancia al rechazo. Busca a toda costa ser visto. En su estado más consciente puede ser realmente altruista y desapegado. Por ejemplo: Teresa de Calcuta y Eva Perón.
- **Eneatipo 3.** Dominado por la vanidad. «Yo soy lo que hago» es el lema de su vida. Vive en función de gustar al resto de personas. La vanidad se traduce en

la trascendencia de la imagen que proyecta a los demás y en la repercusión de su autoimagen; la búsqueda de gustarse lo aleja de sí mismo. Se identifica
profundamente con su trabajo, es perseverante, suele conseguir lo que se propone, brilla desde la eficacia. En su estado más consciente, es sincero y muy
productivo. Por ejemplo: Paul Newman y Ben Affleck.

- **Eneatipo 4.** Personas dominadas por la envidia. Los
reyes del drama. Viven pendientes de lo que los demás hacen o dejan de hacer, están obsesionados con
la creencia de que nunca tendrán aquello de lo que carecen. Están enfocados en qué les falta, con una profunda conciencia de escasez. La carencia eclipsa su
valía. En su estado más consciente, son empáticos
y muy creativos. Por ejemplo: Robert de Niro y Anthony Hopkins.

- **Eneatipo 5.** Dominados por la avaricia, son observadores. «Necesitar poco» es uno de sus lemas, viven
para adquirir conocimiento, son intuitivos y sabios.
Los observadores de la vida por antonomasia. Se caracterizan por la avaricia, porque no saldrán de su
escondite hasta estar bien seguros de que tendrán suficiente energía; dan poco por miedo a que les pidan
más. Buscan la autosuficiencia. En su estado más
sano, son desapegados y generosos. Por ejemplo:
Albert Einstein y Bill Gates.

- **Eneatipo 6.** Dominados por el miedo. Fatalistas,
siempre preparados para que pueda suceder lo peor,
suelen imaginar los peores escenarios. Buscan la
autoridad y el poder al mismo tiempo que huyen de
ello. Pretenden una autoconfianza que no tienen,
ocultan un profundo miedo por lo que les pueda
pasar. En su estado más consciente, son valientes,

leales y muy buenos compañeros. Por ejemplo: Richard Nixon y Meg Ryan.

- **Eneatipo 7.** La gula en su máxima expresión, evitan el presente y la responsabilidad, son los eternos niños. En su mundo de fantasía, viven planificando múltiples futuros, y lo hacen constantemente. Buscan la gratificación inmediata y la gula de experiencias en la vida, son insaciables. Como no se quieren perder nada, profundizan poco. Máscara de alegría, evitan el dolor en todas sus formas, fóbicos al dolor o lo desagradable. En su estado más consciente pueden estar muy presentes y se comprometen, son muy animadores, capaces de disfrutar del presente como nadie. Por ejemplo: Jim Carrey y Peter Pan.

- **Eneatipo 8.** Imparten justicia (a su modo). Dividen el mundo entre fuertes y débiles. Su fijación es la lujuria o el exceso; tienen mucha confianza, van por la vida necesitando ser fuertes y prevalecer sobre las circunstancias. Fuerte personalidad, y defensores de los *suyos* (el líder, el padrino). En su estado más sano, son protectores, ayudando al otro de forma magnánima y aportándole fuerza. Accionan con o sin miedo. Por ejemplo: Frank Sinatra y Diego Rivera.

- **Eneatipo 9.** El pacificador. Los frena la pereza. Muy adaptables a los demás, su acomodo es para evitar el conflicto que los aleja de sus deseos, gustos y necesidades. Se funden con el entorno y les cuesta mucho expresar sus necesidades. Entienden todas las opciones y es muy difícil discutir con ellos, pues evitan como pueden el conflicto. En su estado más sano, son muy buenos mediadores y se adaptan, calmando los extremismos. Por ejemplo: Nelson Mandela y el Dalai Lama.

La injusticia

Se origina en un entorno en el que los cuidadores principales son fríos y autoritarios. En la infancia, una exigencia en demasía y que sobrepase los límites generará sentimientos de ineficacia y de inutilidad, tanto en la niñez como en la edad adulta.

La consecuencia directa en la conducta de quien la padece será la rigidez, pues estas personas intentan ser muy importantes y adquirir un gran poder. Además, es probable que se haya creado un fanatismo por el orden y el perfeccionismo, así como la incapacidad para tomar decisiones con seguridad.

Requiere trabajar la desconfianza y la rigidez mental, generando la mayor flexibilidad posible y permitiéndose confiar en los demás.

Ahora que ya conocemos las cinco heridas del alma (descritas en cada recuadro anterior) que pueden afectar a nuestro bienestar, a nuestra salud y a nuestra capacidad para desarrollarnos como personas, podemos comenzar a sanarlas.

CAPÍTULO 7

El poder de la elección

La vida se construye a través de las elecciones
que hacemos, las consecuencias son inevitables,
tanto para bien como para mal.
ADRIANA PÁRAMO

A lo largo de este libro hemos hablado de la forma como nos relacionamos desde la parte más primitiva de nuestro ser, hemos hecho hincapié en cómo nuestra fisiología, historia y entorno influyen en la manera como nos enamoramos; hemos visto algunos de nuestros defectos y cómo poder enfrentarlos.

También hemos mencionado que para relacionarnos de una manera diferente y a profundidad, el cambio debe ser personal: si yo cambio, mi entorno cambiará y no por una situación mágica, sino porque el hecho de relacionarme diferente conmigo hará que mis interacciones cambien.

Yo no puedo, bajo ninguna circunstancia, ni por ningún medio, hacer que otro tome la decisión de cambiar, pero sí puedo elegir si quiero continuar al lado de una persona que me lastima o que no quiere comprometerse con la relación.

El asunto aquí es que nunca nos enseñaron qué había detrás de todas esas relaciones conflictivas, la dificultad que teníamos para tomar elecciones conscientes, para enfrentar nuestros miedos, para poder ver que a veces teníamos una forma complicada de enfrentar las situaciones adversas.

A la mayoría de las personas nos enseñaron a evitar tanto las emociones negativas y los *problemas*, como si éstos fueran una peste con tendencia a desaparecer por sí mismos con el tiempo. Al tener esta actitud lo único que se logra es dejar asuntos inconclusos que a la larga terminarán por convertirse en un pesado lastre, del cual ni siquiera podremos recordar la procedencia.

Aun cuando nos gustaría dar preferencia a la felicidad, además del potencial que tenemos los seres humanos para desarrollarnos, superarnos, reconstruirnos una y otra vez, con el alma llena de esperanza y deseos de crecer, también es importante llegar al lado oscuro de ésta, precisamente con todo aquello que queremos esconder y nos avergüenza de nosotros mismos, con el afán de darnos la oportunidad de observar lo que nos causa dolor o pérdida y poderlo sanar a través del perdón.

Las emociones más dolorosas tienen un impacto mayor en la supervivencia y en la capacidad de adaptación que tenemos. Si a ello le sumamos la manera que tenemos de organizar nuestros pensamientos, la opinión que tenemos de nosotros mismos y la forma de enfrentar las situaciones cotidianas, reconoceremos la importancia de hacer un recorrido *sin juicios* por todo lo que hemos vivido; esto nos llevará a tener un conocimiento profundo de nosotros mismos, además de saber por qué y para qué nuestras reacciones ante los eventos.

Todos tenemos muchas razones para ser como somos, pero si queremos alcanzar una vida en bienestar, tomaremos en consideración que también tenemos muchos motivos para ser diferentes.

Quien tiene el valor de ver tanto lo peor como lo mejor de sí mismo, de aceptarse, respetarse y amarse como es, tiene mayores posibilidades de dejar salir sus virtudes.

El secreto está en tener muy claro lo siguiente:

- ¿De dónde vienes? Esto te dará la pauta para reconocer cuáles son tus mecanismos de defensa, que a pesar de parecerte tan comunes quizá te están saboteando.
- ¿Quién eres? El autoconocimiento es una plataforma para tener certeza de lo que sí deseamos en la vida.
- ¿A dónde quieres llegar? Cuando sabemos el «para qué», el «cómo» llega solo; si tienes un mapa del camino, te será más fácil llegar.

Ya es momento de dejar de sentir que estamos a merced de las circunstancias, para convertirnos en los dueños de nuestro destino; vamos a empoderarnos haciendo uso del extraordinario poder que nos fue otorgado, el poder de la elección.

A lo largo de este capítulo desarrollaré todos estos temas para que puedas ver con claridad cuáles son los obstáculos que no te permiten amar en libertad y construir esa relación que tanto has anhelado.

El miedo a ir más allá de lo ya conocido es un gran saboteador en la existencia, paraliza los proyectos, rompe los afectos, y nos deja en medio de una profunda autolástima, pensando que ya nada tiene solución.

A lo largo de nuestra vida hemos transitado por infinidad de caminos, buscando la tan ansiada libertad. Hoy nos hemos dado cuenta de que hemos sido nosotros mismos quienes nos hemos puesto en una prisión cada vez que vivimos en el pasado, cuando sentimos un gran enojo porque las cosas no son como quisiéramos, cuando las personas no son como deseamos, cuando no hacen lo que decimos o eligen irse.

> **Relacionarme de manera diferente, hacer cosas nuevas, atreverme al cambio hará la diferencia en los resultados.**

Es mejor tomar las decisiones difíciles antes de que se conviertan en problemas sin solución.

Hay momentos en la vida en que los problemas nos obligan a hacer elecciones rápidas, pero no por ello deben tomarse a la ligera.

Antes de decidir algo que marcará una diferencia en tu vida pregúntate lo siguiente:

- ¿Aunque en este momento no es fácil, esto me ayudará a crecer? A veces crecer duele y la vida nos obliga a movernos de lugar para nuestro bien.
- ¿Esta elección va de acuerdo a mis valores? Cuando vamos en contra de lo que creemos tarde o temprano nos podemos arrepentir.
- ¿Esta decisión que estoy tomando está basada en el enojo? Si es así, espera a que pase la ira.

- ¿Estoy en disposición de enfrentar las consecuencias de esta decisión?
- A toda acción corresponde una reacción, ¿voy a correr el riesgo?
- ¿Cuáles son las pérdidas y cuáles las ganancias?

Las relaciones que tenemos en el presente han sido detonadas por situaciones que han quedado inconclusas en nuestras vidas; para resolver la problemática de hoy hay que hacer una revisión del pasado. Existen muchas cosas que nos dolieron y no supimos cómo procesar, el resultado de esto es que ha quedado un gran enojo, desconfianza, mucha frustración por habernos sentido tan impotentes ante las circunstancias, que además tiene mucho de realidad, pues un adolescente difícilmente puede ser autosuficiente y tiene que someterse a lo que sucede en casa; queda el dolor del resentimiento, como no cerramos ciclos y éstos se quedaron abiertos esperando el momento de salir, a la menor provocación aparecen en el lugar, y con la persona equivocada.

¿Cuántas veces no has explotado sin saber por qué? ¿Has dicho cosas que no querías? ¿Tus relaciones se fracturan con facilidad? ¿Piensas que las cosas no funcionan por culpa de otros?

La adolescencia es una etapa complicada, es una segunda oportunidad para consolidar nuestras inteligencias emocional y social. Si se vivió bajo el yugo de unos padres y entorno autoritario, no habrá elementos comparativos para saber que la relación dominio-sumisión es tóxica, que no se llega a solución alguna, que relacionarse de esa manera es una espiral interminable de amor-odio.

Escribe recuerdos respecto a esa etapa de tu vida, te darás cuenta de que has repetido patrones conductuales del pasado. Me dirás, «ya conozco el problema, lo he vivido en carne propia, ¿cómo lo soluciono?, ¿hay alguna manera de cambiar todo esto que duele tanto?»

Tomar conciencia es el primer paso, podríamos pensar que la falta de afecto probablemente nos ha llevado a tener algunas actitudes egoístas.

¿Qué es el egoísmo?

Es la actitud que adopta una persona cuyo enfoque está en relación exclusiva hacia sí misma, con excesiva preocupación por sus deseos y necesidades personales, sin mostrar interés alguno por los demás.

Cabe mencionar que el individuo egoísta vive dominado por el razonamiento subjetivo sobre el objetivo. Es decir, su perspectiva psicológica, y por consecuencia su forma de vivir, se orienta siempre de acuerdo con su valoración personal aparentemente menospreciando la del colectivo, pues en su mayoría, dichos individuos utilizan la arrogancia para compensar su complejo de inferioridad. Se dedican a hacer un culto hacia su propio «ego» (de ahí su nombre) al que idealiza, y juzga todos los acontecimientos desde el punto de vista de un acercamiento feliz o un desgraciado alejamiento de ese ideal.

El egoísmo es una forma de ser y vivir consecuente a un crecimiento y una maduración de la personalidad inapropiados. Es frecuente encontrar que en su infancia hubo muchos errores de educación, ya fuera una formación excesivamente dura y crítica, así como la ausencia de cuidados y atención necesarios, o la sobreprotección; que llevaron al menor a tener una personalidad egoísta. Si un niño ve descalificadas con frecuencia sus naturales muestras de vivacidad y no se siente apoyado en sus sentimientos, llega a la lógica conclusión de que no se puede confiar en los adultos, de que todo cuanto desee ha de conseguirlo por sí mismo y sin esperar nada de nadie. Por lo mismo va integrando en su conciencia la idea de que las personas que lo rodean son sólo medios para conseguir sus fines, y como el fin justifica los medios, usa a los demás antes de que ellos tengan oportunidad de utilizarlo, y en una actitud depredadora concibe que en la vida sólo hay dos opciones: eres «lobo» o eres «cordero», y si no devoras, serás devorado.

El egoísta puede tener la apariencia de un luchador determinado, eso sí, nunca a favor de nada, sino en contra de algo, en contra de todo lo que se oponga en su camino.

Para dichas personas la felicidad radica en el propio orgullo, a tal grado que a veces se muestran hostiles y orientados hacia el fanatismo. Para ellos los sentimientos son sinónimo de debilidad y, por lo tanto, un camino al posible fracaso. Por eso no es raro que se protejan con una armadura de frialdad y sean proclives a la crueldad cuando poseen alguna forma de poder o autoridad.

Suelen ser prepotentes y protagónicos tratando de destacar sobre los demás y ocupar el primer plano. Si las cosas no salen de acuerdo a lo planeado, fácilmente culpan a otros, reforzando el peso de sus propios egos al señalar la torpeza del prójimo.

Tienen diversas herramientas de manipulación con las cuales ocasionalmente pueden parecer generosos al deparar favores y ayuda a sus allegados, pero sus intenciones no van en función de las necesidades ajenas, sino en la de alimentarse a través de la magnanimidad.

Evidentemente, todo ese aire de superioridad no es más que una máscara que encubre un gran temor a la vida, así como a su propia debilidad. El egoísta vive reforzando un ego que en su interior se fractura. Por ello, cuando no tiene el poder suficiente, es fácil que caiga en la explotación del polo opuesto, representando ser un desvalido que precisa constantemente atención y dedicación de sus protectores, pudiendo llegar a ejercer una auténtica «tiranía sentimental» en su seno familiar. Es el egoísta pasivo quien tiende a acomodarse, pero cuya finalidad, como la del egoísta luchador, es la explotación del prójimo en su propio beneficio. Porque, en resumen, la filosofía de vida del egoísta radica en pensar que el prójimo está dentro de sí mismo.

Otro saboteador es el de la personalidad narcisista, quien es arrogante, pues se cree superior a los demás y con el derecho de tratarlos con desprecio.

Estas personas consideran que los demás deberían anticipar cualquiera de sus necesidades, y su egocentrismo los hace indiferentes a los derechos y bienestar del prójimo, al cual no ven como una persona independiente y única, sino con un valor que sólo se relaciona con la utilidad que esa persona ofrezca para satisfacer sus necesidades.

Tienen un patrón de grandiosidad con necesidad de admiración y falta de empatía, sentimiento de ser especiales y únicos, y poder ser entendidos y estar asociados sólo con personas especiales; preocupación por fantasías de éxito, poder, belleza o amor ideal ilimitados; envidia o creen que los otros los envidian, aunque esta misma emoción, si sabemos buscar, tiene un lado virtuoso.

¿Qué significa tener envidia?

¿Alguna vez has sentido opresión en el estómago cuando ves que alguien tiene algo que a ti te gustaría?

¿Podrías incluso llegar a difamar, criticar, agredir y ser intolerante, o simplemente estar resentido con aquel que te recuerda tus carencias?

La envidia es la más humana, pero también la más perniciosa de las emociones, es un sentimiento de tristeza o disgusto por todo aquello que pensamos que a otro le puede otorgar felicidad, y por lo regular tiene que ver con la falta de aceptación e insatisfacción que llegamos a tener con nuestra propia vida.

Todos tenemos metas y sueños.

Es natural que cuando vemos que otro realiza los suyos, sintamos una admiración que desafortunadamente se puede convertir en envidia. A veces tenemos este sentimiento sin darnos cuenta.

El envidioso se compara para valorarse a sí mismo, se frustra por no poder conseguir lo que anhela y codicia cuando siente que ocupa una posición inferior.

No dejes ir las oportunidades que te ofrece la vida por estar pendiente de la vida de otros.

Si tienes envidia, no la niegues, siéntela con toda su intensidad y observa el malestar y consecuencias que genera en tu vida, si la procesas adecuadamente puede ser una gran oportunidad para llegar a la superación.

Confía en ti, en tus decisiones, recuerda que tienes la capacidad de enfrentar tus problemas. Enfócate en tus asuntos, juzgar o culpar a otros te hace sentir víctima y te coloca en desventaja.

Descubre las habilidades personales que te hacen único. No te compares. Si otros han conseguido lo que tú deseas, quiere decir que tú también puedes.

Acepta y disfruta lo que eres, lo que tienes y lo que puedes hacer. Perdona y admite tus limitaciones. Valora tus virtudes. Ajusta tus deseos a tus capacidades y posibilidades reales.

Síndrome del impostor

¿Te has sentido alguna vez como si fueras un fracasado, un fraude, y no merecieras estar donde estás?

Esto se define como la incapacidad de aceptar los logros y el éxito. Piensas que no mereces estar donde estás, dudas de tus habilidades y capacidad y eres sumamente perfeccionista.

Aproximadamente 70% de las personas se ha sentido así en algún momento de su carrera, especialmente al comenzar un trabajo nuevo.

Estudios han demostrado que personas con historial de figuras paternas autoritarias, empresarios muy jóvenes de procedencia social no relevante y los recién licenciados y universitarios que encuentran su primer empleo en empresas importantes, son los más propensos a sufrir el síndrome del impostor.

Hay diferencias entre los *impostores* y las personas netamente pesimistas. Si en el caso de los pesimistas hay momentos en los que no se ven capaces de superar obstáculos en el campo laboral y optan por abandonarlo todo y no seguir adelante, los *impostores* siguen adelante suceda lo que suceda para conseguir otro éxito laboral más. Y ésta es precisamente una virtud a la vez que un error fatal, ya que puede desestabilizar por completo toda su vida privada y provocar serios problemas con amistades y familiares.

La mayoría de quienes lo sufren ni siquiera son conscientes, ya que no es una enfermedad de la que se hable en los medios de comunicación y, además, pasa desapercibida en el entorno laboral, al quedar el afectado como una persona humilde y exitosa a la que no se le sube a la cabeza su talento.

Infinidad de celebridades y personas exitosas lo han sufrido. Para superar este síndrome es aconsejable lo siguiente:

- **Interpretar el miedo como emoción** y dejar que la adrenalina funcione a favor de uno y no en contra.
- **Ponerse metas razonables.** Las personas con síndrome del impostor suelen trazarse objetivos disparatados, lo que alimenta su problema.
- **Enfocarse en aprender de los fracasos.** Quienes tienen esta condición muchas veces no logran lidiar correctamente con las derrotas laborales.
- **Considerar que «aparentar saber» es una habilidad.** Parecer una persona con confianza en sí misma es un activo valioso en cualquier trabajo.

Aprender a desarrollar las siguientes habilidades ayudará al individuo a superar este bloqueo *psicológico* y permitirá sentirse confiado y seguro, incluso cuando se encuentre fuera de su zona de confort:

- Aprovecha el tiempo. El tiempo es uno de los activos más importantes, cómo lo inviertes influirá directamente en tu éxito laboral, así como en tu calidad de vida personal.
- Programa tu tiempo de manera realista. Uno de los errores que cometemos es tratar de realizar muchas actividades en poco tiempo; a veces los imprevistos lo impiden y nos sentimos frustrados por eso.
- Sé flexible, por si hay que hacer modificaciones a tu agenda en el momento.
- Elimina los ladrones del tiempo. No pierdas el tiempo con personas ociosas o en actividades que no son importantes.
- Busca la forma de quitar complicaciones a cada actividad y hacerlas de la manera más sencilla, efectiva y rápida. Recuerda que el tiempo que no aproveches hoy no lo recuperarás mañana.

Importancia del orden

¿Cuánto tiempo pierdes a veces buscando algo que no está en el lugar que le corresponde, o en un lugar estratégico adecuado para agilizar tus procesos? En la mayoría de las ocasiones, el desorden es una conducta aprendida. El orden te ayudará mucho a que todo se agilice. La buena organización es indispensable para sacar un mayor rendimiento, tener más calidad de vida y para que todo transcurra de la mejor manera posible.

Define un lugar para cada cosa. Puedes etiquetar estos espacios para que luego puedas recordar con mayor facilidad dónde lo has colocado.

Lo mejor que puedes hacer es establecer rutinas. Éstas ayudan a que se creen hábitos y cueste menos dejar las cosas tiradas en cualquier lugar.

Al ensuciar, limpia inmediatamente.

El mundo se ve distinto si estás en los zapatos del otro

A todos nos gustaría encontrar una receta mágica que resolviera nuestras relaciones en instantes, que nuestra vida fuera como aquella de los cuentos donde todo es sencillo y los buenos la pasan maravillosamente, con millones de amigos y felices para siempre, pero en la vida real, encontramos retos que superar, que a veces no son sencillos y nos lastiman. Lo que vale la pena se construye y hay que aprender a formar algunas virtudes que nos llevarán a alcanzar nuestros anhelos. Una de estas virtudes es la compasión, que es compartir la pasión, amar lo que el otro ama, la aceptación de un semejante en grado superlativo. Significa «acompañar».

Todos podemos transformar lo que estamos viviendo el día de hoy, basta con decir: «Hasta aquí, a partir de este momento decido transformar lo que estoy viviendo, para ser feliz y tener mayor gozo que ser cercano a las personas».

La compasión nos lleva a la empatía, nos acerca a salir de nuestra problemática personal para comprender lo que sienten quienes nos rodean.

No es sentir lástima, es la capacidad de ponernos en los zapatos del otro, de sensibilizarnos ante el dolor de los demás, en el deseo de que vivan libres de sufrimiento. Es comprender que todos podemos equivocarnos y tener la oportunidad de empezar de nuevo.

En ocasiones es más cómodo no involucrarnos en el dolor de otras personas, esto genera en nosotros carencias que provienen del egoísmo, el cual nos mantiene bajo el control de emociones y pensamientos negativos, como el resentimiento, la venganza o el aislamiento. Pero si nuestra mente desarrolla miedo y enojo, nuestro cerebro funciona pobremente.

....
**Mientras más compasiva es nuestra mente,
mejor funciona nuestro cerebro.**
....

....
**Esforzarnos en sentir alegría por
el bienestar de los otros, nos libera.**
....

Así pues, la compasión y el afecto ayudan al cerebro a funcionar sin problemas. Ser compasivos nos da fortaleza interior; incrementamos nuestra confianza y esto reduce el miedo, a la vez que nos mantiene en paz. Por lo tanto, la compasión tiene dos funciones: ayuda a que nuestro cerebro funcione mejor y nos da fortaleza interior.

Aunque no nos demos cuenta, tenemos muchos temores, algunos los conocemos y otros están en un punto ciego. El problema no está en tener o no miedo, sino en el efecto que éste tiene en nuestras vidas.

El miedo siempre formará parte de nuestras existencias, es necesario para los mecanismos de supervivencia. El miedo sano consta de tres puntos principales: ver un movimiento rápido, escuchar un ruido fuerte o la sensación de caída; esto nos ha mantenido vivos, gracias a eso no nos atropella un coche, no caemos de un edificio, ni nos acercamos a maquinaria pesada. Pero hay temores irracionales que fuimos adquiriendo con la experiencia y que nos limitan a lograr lo que anhelamos, tales como el miedo a perder lo que tengo o a no tener lo que quiero.

Cuando ciertos eventos de nuestra vida nos hacen constatar estos temores dejamos de actuar de manera racional y nuestras emociones negativas se hacen cargo, recurriendo a historias del pasado y tratando de resolver lo que nos pasa de la misma forma que nos llevó a equivocarnos.

El asunto aquí es todo lo que estamos perdiendo por dar voz a ese tirano que nos domina. Si quieres trascender tus temores, primero reconoce cuáles son y el daño que te causan.

Algunos de los principales miedos son los siguientes:

- **El miedo al futuro.** Recuerda que el futuro aún no ha llegado y estar así te paraliza. Quizá pensamos que sucederá algo terrible que nos dañará de por vida.
- **Miedo al castigo.** Nos educaron bajo un sistema prusiano, es decir, con premios y castigos, mismos que dejaron huellas inconscientes que, en la mayoría de los casos, provocaron lagunas emocionales desde la infancia. «No vas a salir, no puedes usar tus juguetes», «Si no haces lo que te digo no te voy a querer» y otras prohibiciones, además de limitaciones, generalmente fueron la principal amenaza de castigo,

provocando en el menor sentimientos de culpabilidad y un factor altamente tóxico, que es el miedo a él mismo (sí, aunque no lo creas, tenemos un profundo temor a ser malas personas o tener actitudes que puedan dañar a otros) por cada desvío de la actitud que se le ha enseñado y lo que se espera de él. Es así como la persona aprende que únicamente podrá ser aceptada y querida si cumple con las reglas establecidas, aunque siempre quedará una pequeña vocecita que te dirá que no eres suficientemente bueno. Las largas e interminables prohibiciones y limitaciones, así como el aspecto que tenga la amenaza o la ejecución del castigo (que en su mayoría no son acordes con la falta cometida, sino que depende del estado de ánimo de un adulto aterrado, que descarga su frustración en el niño) genera dudas con respecto a la habilidad para enfrentar la vida y ser objetivo con la realidad.

- **Miedo al fracaso.** Cuando abandonamos la iniciativa por temor a perder o pensamos que tenemos una especie de sentencia que nos llevará a perder siempre.
- **Miedo a la separación.** En la familia de origen se forman la identidad y la pertenencia; si el menor no se reconoce ahí, pues teme haberla perdido, se siente abandonado, se dice a sí mismo que seguro es adoptado, busca sin éxito la ternura y el contacto corporal cercano, por lo mismo, aparece el miedo a su propio sentido. Se forman vacíos existenciales.
- **Miedo al rechazo.** Si no te arriesgas a lo nuevo nunca sabrás de lo que eres capaz. Probablemente por ahí hay una pequeña voz que nos dice que les caemos mal a las otras personas.

- **Miedo a no tener dinero.** ¿Y cómo lo vas a generar si no actúas? El tema del dinero es un conflicto para la mayoría de las personas.
- **Miedo al éxito.** Piensas que quizá no estás en posición de enfrentar el triunfo, que te convertirá en mala persona o que puedes perder algo que amas, como si fuera un intercambio.
- **Miedo a no poder hacer las cosas a la perfección.** Y es preferible culpar a otros de por qué no sucede lo que anhelamos. Además, el perfeccionismo es uno de los malos hábitos que más nos paralizan, pues nunca nada es suficiente ni está bien hecho.

Para superarlos, te propongo lo siguiente:
- Haz una lista detallada de estos miedos.
  1. ¿Cuáles son? Menciónalos uno por uno.
  2. ¿Cuál es el principal? Quizá ahí encuentres tu punto ciego.
  3. ¿De dónde vienen?
  4. ¿Es algo familiar?
  5. ¿De tu entorno?
- Reconoce que el miedo es parte de ti, pero no permitas que te controle.
  1. ¿Qué es lo peor que puede pasar?
  2. ¿Tienes miedo de probar una nueva carrera?
  3. ¿Qué pasaría realmente si cambias de trabajo?
  4. Ponte en acción enfrentando tus miedos y vive en el presente, eso generará el cambio.

Síndrome del desamparo adquirido

Otro punto ciego que nos hace reaccionar de maneras inesperadas es el síndrome del desamparo adquirido, que nos lleva a pensar que existe una especie de maldición y que, hagamos lo que hagamos o dejemos de hacer lo que dejemos de hacer, las cosas nunca cambiarán, que no encontraremos un trabajo adecuado, que viviremos para siempre en una situación de pareja frustrante o que nunca encontraremos una. Esta condición es la base de los *nuncas* y *siempres* del pensamiento catastrófico.

Esta teoría es autoría del doctor Martin Seligman, quien en los años sesenta hizo experimentos con unos perros sometidos a choques eléctricos. En una jaula donde el animal tenía la facultad de presionar un botón para detener la electricidad rápidamente, este hecho se convirtió en un acto reflejo, pero en la jaula donde hiciera lo que hiciera el perro no tenía control de la descarga, el animal se dio por vencido y no volvió a buscar una salida, perdió la esperanza y llegó el desamparo adquirido al dejarse arrastrar por las circunstancias.

Este síndrome se da en las personas cuando, desde su más tierna infancia están sometidas a una gran cantidad de agresión, descalificación, frustración y falta de afecto. Adquirirán una sensación de incompetencia que las acompañará el resto de sus vidas y será el ingrediente principal para que dichas personas se den por vencidas antes de intentar tener logros.

La vida humana, dependiendo de cómo se viva, y de nuestra manera de relacionarnos con el mundo, puede ser una sucesión de experiencias hermosas, nutritivas y signi

ficativas que nos permiten alcanzar plenitud y paz. También
es posible, sin embargo, que esas experiencias resulten frus-
trantes, dolorosas y desalentadoras.

Que sea de una manera o de otra depende de causas diversas que pueden ser de tipo biológico, psicológico o cultural. Las predisposiciones innatas de corte genético pueden
degenerar en limitaciones de la capacidad funcional física
o mental; los aspectos sociales o políticos pueden hacer que
nos veamos envueltos en grandes carencias de recursos necesarios para sobrevivir o en guerras que reduzcan al míni-
mo la calidad de vida. Aquí, sin embargo, se hará referencia a un tercer factor, el psicológico, como agente principal
para la reducción del éxito y la felicidad. En especial, se hará
referencia a una categoría, concepto o constructo psicológico que se llama desamparo adquirido.

En términos generales, el desamparo es considerado un
pesar, una enfermedad, una maldición de gran potencia limitante. Puede decirse que es un estado en el que se ven
debilitados o extinguidos el amor, la confianza, el entusiasmo, la alegría y la fe. Es una especie de frustración e
impotencia, en la que se suele pensar que no es posible por
ninguna vía lograr una meta o remediar alguna situación
que se estima negativa. Es una manera de considerarse a la
vez atrapado, agobiado e inerme.

Desamparo no es ni decepción ni desesperación. La decepción es la percepción de una expectativa defraudada, y
desesperación es la pérdida de la paciencia y de la paz, un
estado ansioso, angustiante que hace al futuro una posibilidad atemorizante. El desamparo, por su parte, es la percepción de una *imposibilidad de logro, la idea de que no hay nada
que hacer, ni ahora, ni nunca*, lo que plantea una resignación
forzada y el abandono de la ambición y del sueño. Y es justa-

mente ese sentido absolutista lo que lo hace aparecer como un estado perjudicial y nefasto.

Para superar el desamparo adquirido, es necesario actuar, por ello te propongo lo siguiente:

- Comprende que se trata de una percepción y no de una realidad.
- Asume que todo pasa y que cada día es nuevo y está lleno de posibilidades y potencialidades.
- Busca formas creativas de abordar la situación que valoras como amenaza.
- Apóyate en personas que tengan recursos que no poseas.
- Reevalúa o reconceptualiza la situación en busca de ángulos positivos.
- Acepta, adáptate y espera un mejor momento para actuar, si consideras que realmente nada puede cambiarse aquí y ahora.
- Céntrate en los recursos, dones y talentos, en vez de enfocarte en el problema o en sus posibles consecuencias negativas.
- Busca, en tu experiencia, conductas que te hayan servido para superar situaciones similares.
- Segmenta la acción. No te enredes. Define una estrategia y da un paso a la vez para salir del atolladero.

Lo más importante aquí es que el individuo comprenda que la gran mayoría de las veces, salvo en casos extremos de catástrofes naturales o eventos críticos inesperados, lo que vemos como *problema* es en realidad una idea mental que se genera cuando evaluamos una situación en razón de nuestras posibilidades para resolverlo. No es algo que está allá *afuera*, y sobre lo cual no tenemos influencia alguna.

Cuando la gota derrama el vaso y la violencia llega

Otro factor del pasado que desencadena problemas hoy, es la ira sin control.

....

Al final de una guerra hasta el ganador pierde.

....

Es natural que los seres humanos nos sintamos frustrados cuando los problemas nos superan. Quizá tienes problemas con el jefe, no te alcanza para solventar tus gastos, los clientes no te pagan, tienes conflictos con tus hijos, no te alcanzó para la nómina, tus acreedores te acosan, no tienes intimidad con tu pareja, te pone los cuernos o de plano no tienes, no pasaste ese examen importante... Todos esos eventos te están llenando como a una olla de vapor a punto de reventar, y para colmo de males llega un camión manejado por un conductor irresponsable y embiste tu automóvil. Es natural salir furioso del coche, le gritas, haces un recorrido por todas las groserías que conoces, sientes que pierdes el control de tus emociones que llegan con fuerza desde el estómago y suben a la cabeza, lo único que piensas es que alguien tiene que pagar, lo que quieres es venganza.

Una posibilidad es que lleguen otros camiones y ayuden entre varios a enfrentarte, lo cual sería terrible; otra es que digas que no pasa nada, que la vida es hermosa, todos somos hermanos y meditarás sobre el asunto, lo cual nos llevaría a pensar que no eres humano, que eres un monje o que estás negando la realidad y pretendes que no pasa nada porque no sabes cómo manejar las emociones y prefieres evadir una realidad que no te gusta, lo que no es sano, porque emoción que se niega, tarde o temprano se manifiesta, a veces como una enfermedad.

Un tercer escenario es quedarse a resolver el problema en ese momento, pero tomar conciencia de que ese evento sólo fue la gota que derramó el vaso porque hay muchas cosas que te hacen sentir frustración con respecto a tu vida actual. Se vale estar enojado, muy enojado, cuando las cosas no son como nos gustarían, porque esa inconformidad y esa ira nos moverán a hacer el cambio, y toda modificación toma su tiempo, pero es posible; lo malo es cuando sabemos que algo no anda bien y nos quedamos paralizados sin hacer nada.

¿Cómo puedo cambiar esto? Maneja tu ira, llega a tu casa y golpea cojines o el colchón, sal a correr y grita en el bosque, toma unas clases de artes marciales o box. Habla mucho con una persona de confianza o en un grupo de autoayuda, expresa lo que sientes y escúchate, no dejes nada guardado, es probable que dentro de tu monólogo encuentres una solución.

··

**Deja de estar en guerra contigo, un buen camino
es limpiar los lastres de tu pasado.**

··

Hay personas que opinan que no tiene sentido estar revisando el pasado y consideran que, con mucho optimismo, viendo el presente y planeando el futuro, todo lo que no nos gusta cambiará; esto es por el deseo de huir del dolor que produce recordar las historias que las lastimaron, pero es como el efecto avestruz, esconder la cabeza en un agujero no evita las consecuencias de lo que no queremos ver.

Somos una consecuencia de ese pasado que nos dejó una programación que cada vez que tomamos una decisión, llega desde el inconsciente a darnos la información que necesitamos para evaluar lo que haremos, por ello a veces no sabemos por qué hacemos tal o cual cosa, simplemente reaccionamos y ya, por eso es trascendental hacer evidente todo lo que sucede en nuestro interior.

Desde los patrones conductuales, las creencias limitantes y los eventos que nos lastimaron, hay que sacar todo para que en el presente no continúen tomando las riendas de nuestras elecciones.

De hecho, cuando no logras interiorizar las consecuencias de determinadas decisiones o de ciertas situaciones, el pasado vuelve una y otra vez, pero no siempre lo hace a través de recuerdos, sino que adopta la forma de miedos, inseguridades y recriminaciones, son las heridas emocionales que tu cerebro todavía no ha cicatrizado.

Aprovechemos esta lectura para hacer un cierre de ciclo y limpiar los lastres de nuestra vida —los físicos también cuentan—, todos los frascos con un poquito de líquido que algún día usarás, los aparatos que tienen años en un mueble esperando a que los repares, la ropa de diversas tallas que esperan en tu armario a que por fin bajes de peso, la ropa de tus hijos de cuando eran bebés, en fin, todo aquello que tiene más de seis meses que no usas, porque el desorden y la falta de limpieza exterior no sólo son reflejos del desorden en tu interior, también es la necesidad de acumular, de una conciencia de carencia, que guarda por si mañana no hay.

En tus emociones, haz un balance de todos aquellos momentos dolorosos a los cuales te resistes a decir adiós. Tener resentimientos es como tomar veneno todos los días esperando que el tirano sea quien caiga muerto.

Observa tus pensamientos, pues determinan el sentido de tu vida. He visto casos de personas que dicen ser positivas, pero cuando las analizo me doy cuenta de que no son conscientes de su negatividad.

Tal vez pueda estar pasándote lo mismo y, como la idea es que seas consciente de ello, quiero acompañarte a través de una serie de reflexiones para que te des cuenta de la calidad de tus pensamientos y de qué tantos pensamientos positivos o negativos tienes.

Es común que nos preocupemos por las cosas malas que nos suceden, pero cuando lo hacemos todo el tiempo, es un foco rojo que nos indica que algo no está bien; si esto lo acompañamos con una permanente crítica a las personas que nos rodean, al gobierno, a experiencias de tu vida o incluso te críticas a ti mismo, probablemente hay culpas del pasado que no se han podido liberar.

> **Recordemos que culpar a otros de todo lo que nos sucede es una forma de evadir la responsabilidad.**

Postergar es también un mal hábito, seguro conoces personas que te dicen que bajo presión trabajan mejor, eso no es una realidad, pues el trabajo que presentan tiene fallas por la premura, pero así justifican ser procrastinadores.

Estar ansioso, impaciente, enojado o frustrado, no es normal, aunque sea cotidiano, hay que aprender técnicas para el manejo de estas emociones.

Éstos son los síntomas que ocasiona el hecho de vivir con negatividad, y pueden deberse a la cantidad de creencias negativas que mantienes en tu mente subconsciente. Creencias que te llevan a pensar, a expresarte y a actuar automáticamente de forma negativa.

Las personas que tienen éxito y son estables emocionalmente son así por la calidad de sus pensamientos. Ellas eligen pensar positivamente y en términos de lo que pueden lograr, no de lo que se puede hacer. En términos de posibilidades, no de limitaciones.

Lo bueno es que nosotros podemos adoptar estos pensamientos y convertirlos en una actitud diaria, podemos entrenarnos para ser más positivos, aun en situaciones que parezcan difíciles.

De la misma manera como preparamos a nuestro cuerpo para mantenerlo en forma, se debe entrenar a nuestra razón para ejercitar una mentalidad positiva, lo que requiere una práctica diaria hasta que se convierta en piloto automático.

Para ayudarte a entrenar tu mente realiza el siguiente ejercicio diario, durante un periodo de veintiún días:

- **Crea un diario de pensamientos positivos.** Al iniciar la mañana escribe una lista de diez pensamientos positivos que quieres tener durante todo el día, escríbelos en un papel y llévalos contigo. Repítelos en voz alta o mentalmente.
- **Sé agradecido.** La gratitud ha sido un tema recurrente en este libro, pues es un ejercicio muy poderoso; puedo decir con certeza que es el más poderoso de todos, que te ayudará a crear una mentalidad positiva. La gratitud es un acto de amor y felicidad. Piensa

en las cosas que has tenido y que tienes actualmente, deja de lado lo que te falta. Cuando te enfocas en lo que te hace falta experimentas una sensación de carencia y eso te aleja de la prosperidad. Toma unos minutos durante el día para agradecer las cosas que tienes, incluyendo las dificultades, frustraciones y pruebas. Agradecer las dificultades es un gran reto, pero cuando lo haces permites que las soluciones se presenten en tu vida.

- **Rodéate de personas positivas.** Lo semejante atrae a su semejante. Por lo tanto, si quieres atraer experiencias positivas a tu vida, empieza por rodearte de personas positivas, con una actitud alegre, que te inspiren y te alegren. Notarás que rodeándote de personas positivas empezarás a adoptar su forma de ser, sintiéndote bien y muy positivo.

- **Sonríe, aunque no tengas ganas.** Existen días en los que es casi imposible sentirnos positivos. Casi. Y para esos momentos te sugiero mirarte en el espejo y regalarte una sonrisa. ¡Ríe!, aunque no tengas ganas, hasta que los músculos de tu rostro se pongan en contacto con tu cerebro y te empieces a sentir más feliz.

- **Ayuda a los demás.** Haz aquello que te haga sentir bien, útil y valioso. Cuando ayudas a alguien que lo necesita, ¡el resultado es grandioso! Te sientes bien contigo mismo, experimentando una sensación de amor y felicidad.

Ser feliz es muy fácil

Empieza en las mañanas al despertar, haz un recorrido mental de las cosas buenas que te han sucedido en la vida y todo aquello que quieres y es posible lograr.

Encuentra el lado positivo en todo lo que te sucede, porque hasta en la adversidad hay un aprendizaje que te llevará a un bien mayor, aunque en el momento no sepas qué es.

Date la oportunidad de tener alegría de vivir, deja de castigarte cada vez que te equivocas, sonríe más a menudo. Siéntete satisfecho con la persona que eres, aun cuando sepas que puedes mejorar. Encuentra la manera de disfrutar tus actividades cotidianas, observa lo bueno en lugar de quejarte por todo lo que no te gusta y lo que no tienes.

El pensamiento positivo es una elección. Tú tienes el poder de elegir pensamientos felices, optimistas y positivos, y elevar tu vibración. Una vez que tus pensamientos positivos están en automático, experimentarás un cambio sorprendente en ti y en tu vida.

Uno de los temas fundamentales para establecer cambios internos es desarrollar la inteligencia emocional, empecemos por ver el lado obscuro, aquel que no nos gusta y que en ocasiones puede ser un lastre en nuestras vidas.

> **Inteligencia emocional: aquellas habilidades que vamos adquiriendo desde que nacemos y dependen de la influencia social, cultural y familiar.**

Estas competencias definirán nuestra vida en el área laboral, social, familiar, financiera, entre otras.

Tener logros en la vida no depende tan sólo del coeficiente intelectual, pues son las variables emocionales y sociales las que marcan la diferencia. La inteligencia emocional es la habilidad que permite percibir, comprender y regular las emociones propias y las relaciones con los demás.

Las personas con habilidades emocionales bien desarrolladas tienen más probabilidades de sentirse satisfechas y ser eficaces en su vida, y de dominar los hábitos mentales que favorezcan su propia productividad; las personas que no pueden poner cierto orden en su vida emocional libran batallas interiores que sabotean su capacidad de concentrarse en el trabajo y pensar con claridad.

Recordemos que el estado de ánimo marca nuestras acciones. ¿Cómo podemos definir la inmadurez emocional?

- Cuando una persona se llama jovial, pero en realidad es inmadura.
- Una persona que sólo piensa en sí misma.
- La búsqueda de satisfacción inmediata.
- Cuando se casa y divorcia varias veces.
- Cuando deja que sus emociones se desborden.
- Cuando vemos a un chiquillo berrinchudo de ocho años atrapado en el cuerpo de un adulto de cincuenta.

Algunos científicos sociales, que se han dado a la tarea de descubrir el lado oscuro de la inteligencia emocional, idearon un método para medir las estrategias de gestión emocional. El resultado fue que los personajes más experimentados para engañar o causar daño eran, justamente, los que mejores calificaciones habían sacado en gestión emocional. Quienes habían dado pruebas de mayor maquiavelismo, así como de sus malas intenciones, mostraban índices muy elevados también de conocimientos emocionales, los cuales estaban utilizando para buscar recompensas en beneficio propio.

La gestión adecuada de la inteligencia emocional tiene que ver con los valores y principios que hemos ido adquiriendo a lo largo de la vida.

Y aunque se dice que la vida no es siempre justa, lo que hacemos tarde o temprano tiene una consecuencia, pues es el resultado de nuestros actos lo que nos hace sentir bien o mal con nosotros mismos.

Hagamos nuestra vida más humana para que lleguemos a ser la mejor versión de nosotros mismos.

En cuanto a las habilidades sociales, digamos que son la capacidad para entender a las demás personas con empatía, y su desarrollo nos lleva a mejorar nuestras relaciones a nivel interpersonal. Es un rubro importante para fortalecer la comunicación y obtener información respecto a nuestro entorno, y compartirla con el resto de la gente.

Hay que tener en cuenta que las relaciones interpersonales nos permiten alcanzar ciertos objetivos necesarios para nuestro desarrollo en una sociedad, y la mayoría de estas metas están implícitas a la hora de entablar lazos con otras personas. Sin embargo, es también posible utilizarlas como un medio para obtener ciertos beneficios, como establecer relaciones afectivas genuinas y duraderas, un puesto de trabajo; incluso en esos casos existen más razones que el mero interés material, aunque suelen ignorarse a nivel consciente.

Si tus mejoras sociales las acompañas de una inteligencia emocional alta, puede ayudarte a llevar una vida más feliz, porque es más fácil hablar y comprender a otros; actuar racional y tranquilamente en situaciones difíciles se vuelve algo natural.

Existen varios elementos indispensables para establecer una buena inteligencia social:

- **Conciencia social.** Se trata de mantenerse en sintonía con las emociones y preocupaciones de otras personas, así como ser capaz de detectar y adaptarse a señales sociales. También es respecto a ser capaz de ver las dinámicas poderosas dentro de un contexto en un grupo o una organización.
- **Manejo de relaciones.** La habilidad de llevarse bien con otros, manejar conflictos, inspirar e influir a las personas y comunicarse con claridad.
- **Autoconocimiento.** Es la habilidad de reconocer nuestra historia, de dónde vienen nuestras actitudes y comprender sus orígenes. También es sobre conocer tus fortalezas, limitaciones y tu autoestima.
- **Autorregulación**. Ésta es la habilidad de demorar la gratificación, balancear tus necesidades con las de otros, tomar la iniciativa y frenarse en un impulso. También es acerca de ser capaz de hacerle frente al cambio y mantenerse comprometido.
- **Automotivación.** Encontrar en nuestro diario vivir los elementos que nos invitarán a hacer un esfuerzo por lograr nuestras metas.

Cambia tu actitud y cambiarás tu vida

La actitud es la forma de respuesta que tenemos ante los eventos de la vida.

Nuestros pensamientos están condicionados con nuestras conductas inefectivas que, sumadas a las emociones, nos llevan a desarrollar sentimientos positivos o negativos que podemos canalizar. Si tomamos conciencia de cómo nos conducimos ante las situaciones, terminaremos siendo dueños de nuestros pensamientos, emociones y sentimientos.

Si las actitudes son creación propia, la única persona que las puede cambiar somos nosotros.

....

¡Cambia tu actitud y cambiarás tu vida!

....

También es importante cambiar todos aquellos malos hábitos que nos sabotean y nos llevan a darnos por vencidos, por ejemplo:

- Evitar enfrentar la responsabilidad de nuestros actos, pues es más fácil culpar a otros de lo que nos sucede.
- No terminar lo que empezamos.
- Si constantemente esperamos el momento propicio para hacer las cosas, terminamos por postergar, y esto provoca la pérdida de oportunidades.
- Pasar de un trabajo a otro, o estar cambiando de meta constantemente.

- Ser perfeccionistas. Pensamos que siempre podemos mejorar y nos sentimos insatisfechos con lo que hacemos.
- Las excusas. Siempre hay un pretexto lo suficientemente *convincente* para justificar el por qué no.

Enfócate en lo que sí quieres lograr

Quizá al principio tengamos que obligarnos a actuar de una forma diferente, pero con la práctica, terminará por volverse parte de nuestras vidas, pues si podemos demostrarnos a nosotros mismos que somos capaces de mejorar, adquirimos confianza y autoestima, nos sentimos satisfechos con quienes somos, podemos compartir y confiar más en las personas, esto nos lleva a que nuestra vida tenga sentido y dirección. Así podemos realizar nuestros sueños, sintiéndonos completos y realizados.

A diario se toman decisiones que pueden alterar el porvenir, muchas de estas elecciones tendrán consecuencias trascendentales en nuestra vida, pero ¿cómo se puede lograr que sean efectivas, y, sobre todo, las ideales para un crecimiento profesional y emocional?

La toma de decisiones es un proceso sistemático para escoger la opción que nos ofrezca las mayores probabilidades de mejorar la eficiencia y eficacia, para que nosotros alcancemos nuestras metas o algo que queramos obtener para nuestro beneficio.

Antes que nada, debemos adquirir un compromiso serio con lo que queremos lograr a través de un acto de voluntad y así llegar a la acción, que es la señal de que se ha tomado ya una decisión.

Recordemos que son las opciones que tomamos, y no las condiciones de nuestro medio ambiente, lo que moldea nuestro destino.

....

Nuestra mejor decisión siempre será ¡vivir la vida con excelencia!

....

Después de lo expuesto anteriormente vamos a enfocarnos en tomar decisiones lo más asertivas posibles. Para ello hay que renunciar a la fantasía, con comentarios como «A mí no me va a pasar», «Yo soy mejor», «Eso les pasa por tontos».

Nuestras decisiones determinan quiénes somos, por lo que primero hay que decidir pensar sólo lo mejor, hacer sólo lo mejor, esperar sólo lo mejor. Te recomiendo lo siguiente:

- Detente, no seas tan impulsivo, porque cuando se hacen las cosas sin pensar, algo sale mal. Puedes adquirir responsabilidades que no se puedan llevar a cabo.
- Ten una buena comunicación y muy positiva contigo mismo. Acéptate tal como eres.
- Sé consciente de tus pensamientos, emociones, necesidades y aspiraciones, aceptándolos sin juzgarlos.
- Recurre a tu valentía. Vence todos tus temores.
- Valórate en justicia. No eres ni más ni menos que cualquier otra persona.
- Asume que sólo tú eres tu propio juez. Que te importe más tu opinión que lo que critiquen o digan los demás. Comprende que eres responsable de ti mismo.

El poder de elección es la facultad que tenemos los seres humanos para orientar nuestra vida hacia una finalidad personal, espiritual o material.

Pero el poder de la elección sufre cambios de forma consciente o inconsciente a través de los años, pues con las vivencias tiende a convertirse en un programa o patrón de respuestas automáticas condicionadas.

Si tomamos en consideración que elección y decisión, aunque no son lo mismo, van de la mano, pues elegir es escoger determinada preferencia, y decidir es la fuerza interna que dirige hacia el camino elegido.

Hay cuatro aspectos de las actividades humanas de las cuales forma parte la elección: las áreas mental, física, emocional y espiritual, mismas que influyen los programas, patrones y paradigmas, todos éstos adquiridos a lo largo de la vida.

De la misma manera que lo hace una supercomputadora, cada vez que necesitamos enfrentar una circunstancia, ya sea conocida o no, el cerebro toma la información almacenada en el pasado para analizar y evaluar las posibles respuestas a los eventos. Hay que hacer hincapié en que el cerebro no distingue si lo que estamos pensando es real o un simple pensamiento, reacciona a todo. Si quieres saber cómo funciona esto, hagamos un ejercicio, sólo te tomará unos minutos:

> Cierra los ojos, imagina que estás en la cocina de tu casa, selecciona un limón, toma un plato y deposita el limón; con un cuchillo, parte el limón, visualiza cómo brota el jugo mientras lo cortas, cómo se expande en el plato. Toma la mitad de ese limón y exprímelo en tu boca.

¡Abre los ojos! ¿Qué sentiste? ¿Salivaste? No hubo limón, ni cocina, no te has movido de lugar, pero todo tu cuerpo se preparó para el pensamiento.

No controlamos las funciones orgánicas como respirar, el ritmo cardiaco, la digestión, el proceso de nuestros órganos para el buen funcionamiento y la renovación celular, son mecanismos inconscientes para sobrevivir, nada de esto depende de elección alguna, es innato, pero en cuestiones mentales y emocionales sí podemos elegir de forma consciente.

Te tengo una noticia extraordinaria: aunque pensamos que amar es sentir bonito y que llega porque es tu destino, no es así, amar es un acto volitivo, es decir, un acto de la voluntad; tú eliges cómo, cuándo, dónde y, sobre todo, a quién amarás, pero no lo sabíamos y nos manteníamos prisioneros de elecciones sobre las cuales pensamos no teníamos poder.

Si desde la más tierna infancia fuiste bombardeado por los dramas familiares, con relaciones tormentosas o demasiado frías, abandonos, violencia, infidelidades, adicciones, reacciones exageradas y celos; si te enseñaron que el lugar de la mujer es en la cocina y llena de chamacos, o siempre viste a un papá triste tirado en un sillón, esperando a ser rescatado, ¿cuál información crees tú que tomará tu cerebro de referencia para enfrentar las circunstancias y para elegir el tipo de persona con quien te relacionas o a quien quieres amar?

Las elecciones y decisiones más importantes han estado condicionadas por el entorno, con palabras, imágenes y sonidos, mismos que han regido las emociones que actúan en el cerebro para producir conductas y acciones concretas, que se definen como buenas o malas según los valores o principios que rigen la época y de la zona geográfica donde nacimos y que traen consecuencias para el individuo, así como para su comunidad y sociedad.

En lo que a éxito se refiere, el poder de la elección juega un papel fundamental en la ocurrencia de eventos favorables hacia una o varias metas determinadas. Sin embargo, esto no sucederá para bien si primero no se conoce, cultiva y adiestra esta facultad a favor de los objetivos deseados, siempre y cuando éstos sean legales, morales y éticos.

En el mundo actual, donde muchos sectores se permiten toda clase de acciones que atentan contra la propia vida y la de otros, el poder de la elección se encuentra eclipsado y ha sido reemplazado con una debilidad emocional experimental, que trata de llevar hasta las últimas consecuencias un libre albedrío mal dirigido, y que es el responsable de llevar a miles de personas a una tumba temprana, a una cárcel o a una serie de impedimentos físicos, sociales y morales que confinan la vida de muchos individuos a la postración, la invalidez, la desesperanza, la miseria, la exclusión social y el abatimiento.

De acuerdo con esto, el poder de la elección es una facultad necesaria que debe utilizarse por el derecho a una vida digna para todos, pero comenzando con la propia, a través de hacer las mejores elecciones posibles que desarrollen las capacidades personales y que lleven a una finalidad trascendente.

Si vamos a hacer uso inteligente del poder de la elección es bueno tener en cuenta algunas directrices.

No te expongas a cualquier tipo de información o de acción de manera repetida sin primero imaginar o deducir las posibles consecuencias que de éstas se deriven. Por ejemplo, en la búsqueda de la verdad muchas personas actúan de manera muy desprevenida ante los agentes de información y establecen patrones inconscientes, mentales y emocionales, que luego ocasionan escasez, enfermedad, ruina moral y económica.

Esto está relacionado con ver imágenes, leer y escuchar mensajes continuos a través de los medios de comunicación, por ejemplo: asesinatos, robos, violaciones, desastres, etcétera, que generan comportamientos violentos y aislamiento social, y otros, como drogadicción, pornografía o melodramas, que generan adicciones, desviaciones y tendencias a la depresión, trastornos obsesivos compulsivos y tendencia al suicidio.

En el caso de la música, por ejemplo, la conjugación de sonidos y palabras con determinados tonos puede producir comportamientos alterados, ya sea de energía y entusiasmo, pero también de violencia, agresividad, melancolía y depresión.

La asociación con determinado grupo de personas es también un poderoso agente de influencia hacia comportamientos que tienden a desarrollarse y afirmarse en los diferentes tipos de personas según edad, intereses y preferencias.

El hecho de frecuentar compañías con costumbres y hábitos que van en detrimento de los valores y principios sanos que edifican y enaltecen al ser humano, es un precio muy alto que hará de esta elección un camino tortuoso hacia la decadencia moral y personal.

En los niños y los jóvenes, especialmente, el poder de la elección debe ser supervisado por adultos responsables, porque en ellos predomina la emoción de vivir las experiencias y la intrepidez de enfrentar retos y peligros, que la de ser racionales y actuar en consecuencia, razón por la cual pueden fácilmente hacerse daño o dañar a otros sin haber tenido la intención.

En el adulto joven y medio, el poder de la elección se ve muy afectado por sus paradigmas o modelos mentales, y desde allí habrá que analizar de manera consciente qué tipo de elecciones y decisiones se toman de acuerdo con esos paradigmas, y si esas acciones concretas y comportamientos traen al mundo visible los eventos, las circunstancias y resultados que se anhelan para un futuro promisorio.

En el adulto mayor, finalmente, el poder de la elección se hace muy poco de forma consciente, en cambio, sí se hace casi totalmente de forma inconsciente con base en los paradigmas afianzados por años en forma de hábitos mentales y físicos, razón por la cual es el periodo de la vida donde se hacen modificaciones con mayor dificultad, ya que existe gran resistencia a éstos. No obstante, se pueden hacer con trabajo y esfuerzo algunos cambios que afecten positivamente una vida marcada por la repetición de pensamientos y conductas no deseadas.

Puesto que si la condición del hombre es utilizar el poder de la elección con mayor frecuencia, de forma inconsciente, a medida que avanza en años, ¿cuál sería entonces una forma efectiva de contrarrestar esto y tomar dominio de esta importante facultad?

La mejor opción, según los expertos en psicología práctica, es la creación de nuevos paradigmas o modelos mentales que afirmen los valores, principios e ideales de superación, avance, creatividad, salud y oportunidades a los que tiene derecho todo ser humano sin importar su raza, condición social o credo específico.

Y partiendo de esta base, los paradigmas —que son pensamientos con una combinación de emociones repetidas—

necesitan crearse a partir de nuevas ideas repetidas y nuevas emociones que contrarresten y cambien los hábitos de pensamiento y acción, para que comience así un nuevo poder de elección.

Uno de los mayores regalos que tenemos los seres humanos es la habilidad de poder elegir qué tipo de pensamientos tener, qué palabras usar, con qué actitud vivir y qué camino tomar. Usa este gran poder conscientemente para mejorar tu bienestar y el de los demás. Nadie te puede hacer infeliz si primero tú no se lo permites. Por lo tanto, en tus elecciones, en cómo quieres pensar, actuar o reaccionar está el control de tu destino.

Cuando decidas despertar tu conciencia y tomar responsabilidad de tus decisiones, tu vida se transformará al instante, pero esto no significa que el proceso vaya a ser siempre fácil y agradable. Te aseguro que para muchas personas es más cómodo vivir haciendo responsable de sus decisiones a los demás que tomando sus propias disposiciones. Pero si realmente deseas vivir de tus sueños, tu única opción es comprometerte y tomar responsabilidad por cada palabra, pensamiento, decisión y acción que tengas durante el día.

La lástima por uno mismo, es uno de los
narcóticos no farmacéuticos más destructivos.
Es adictiva, da placer sólo al momento
y separa a la víctima de la realidad.
JOHN W. GARDNER

La baja autoestima es uno de los mayores obstáculos en nuestra vida. Nos hace sufrir y nos impide lograr aquello que deseamos. Cuando esto sucede, no logramos el éxito deseado y pensamos que no somos aptos para alcanzar las metas que nos hemos propuesto, y buscamos un culpable.

Ya sea que nos culpemos a nosotros mismos o que culpemos a los demás (a la vida, a la suerte, a Dios...), si nos sentimos indefensos e incapaces de cambiar la situación, podemos acabar en la autocomplacencia.

La autolástima es limitante, pero difícil de reconocer y aceptar, porque le damos un significado equivocado. Para mucha gente significa estar *mal*, ser débiles, incapaces y menos valiosos que los demás. Esta forma de pensar está equivocada. En realidad, lo único que indica la autocompasión, es lo siguiente:

1. Durante nuestra infancia recibimos ejemplos de esta actitud que nos impiden actualmente solucionar nuestros problemas y tener una vida mejor.
2. Necesitamos aprender a analizar la situación y nuestras habilidades de una manera diferente.

Con frecuencia sentimos que nuestra vida y nuestras opciones están limitadas, sin darnos cuenta de que dicha limitación es mental y está causada por la autocompasión. Para reconocer este estado define si te ocurre lo siguiente:

1. A pesar de que te esfuerzas y luchas por salir adelante no ves avances.
2. Crees que la solución de tus problemas está en manos de otras personas porque tú no puedes salir adelante por tus propios medios.

3. Siempre tienes una razón para justificar tu actitud.
4. Percibes que no tienes control sobre tu vida y lo que te está sucediendo.
5. Buscas consejos, pero no los sigues porque requieren de esfuerzo.
6. Te sientes molesto e incomprendido cuando la gente te quiere ayudar.

Todos hemos sufrido, hemos tenido tropiezos, problemas y eventualmente nos vamos a morir. La diferencia entre los que se regodean en su dolor y los que salen adelante, es que los primeros se dedican a ver todo lo malo que les ha pasado y que no han podido evitar o solucionar, y los otros se enfocan en lo que sí quieren que les pase y en las acciones que requieren para lograrlo.

Cuando nos sentimos a merced de las circunstancias y desempoderados, en la creencia de que el mundo o los demás se aprovechan de nuestra buena voluntad o nos causan daño, acabamos sintiéndonos incapaces y jugamos el papel de víctimas.

La actitud de víctima se establece en lo siguiente:

1. **La vulnerabilidad y dependencia en la niñez.** Debido a la edad, falta de conocimientos y habilidades, necesidad de depender de los adultos para poder vivir con limitaciones que dichos adultos imponen, todos los niños se sienten víctimas en muchas situaciones, independientemente de que tenga una vida estable, protegida, feliz y llena de amor. Al crecer, los resultados de las diferentes experiencias, la educación, ejemplos que recibimos, etcétera, hacen que se pierda o disminuyan este tipo de pensamientos y

sentimientos o que aumenten y se establezca una actitud de víctima.

2. **Haber vivido en un ambiente de sobreprotección**, escuchando comentarios tales como «Pobrecito, se siente mal», «Pobre, le dejan tanta tarea», «Es injusto lo que le pasa, pero no puede hacer nada», «A fulanito siempre le pasa algo malo». El niño escucha y aprende a pensar igual respecto a sí mismo.

3. **El ejemplo de uno o ambos padres que tenían dicha actitud.** Los niños tienden a imitar, de manera inconsciente, las actitudes de los padres y de la gente importante en su vida.

4. **Haber sido realmente víctimas de algún tipo de abuso: físico, sexual, psicológico o emocional.** El impacto de estas vivencias puede ser tan intenso que repercute a lo largo de toda su vida. Pero aun en estos casos, pueden y *deben* trabajarse las consecuencias para tener una vida mejor.

Independientemente de la causa inicial, al crecer, las experiencias que vivimos, los ejemplos que recibimos, etcétera, pueden debilitar, eliminar o fortalecer nuestra actitud ante la vida.

La autocompasión, como cualquier otra emoción, tiene aspectos positivos y negativos. El aspecto positivo es que, momentáneamente, disminuye el dolor y evita que nos devaluemos a nosotros mismos, porque reduce el impacto de la culpa.

El aspecto negativo es el siguiente:

- Impide que seamos objetivos con la realidad y veamos el problema en toda su magnitud.

- Se enfoca sólo en una pequeña parte del problema (la negativa que nos afecta directamente), por lo que no encontramos soluciones.
- Nos aleja de la gente y nos impide resolver nuestros problemas, porque nos mantiene centrados en nosotros mismos: «Pobre de mí, los demás me maltratan, yo no puedo...».
- Impide que nos responsabilicemos de lo que nos sucede y que actuemos, porque al culpar a los demás, son ellos los que pueden y *deben* hacer algo para mejorar la situación. Esto hace que tratemos de presionarlos o manipularlos, con lo que surgen nuevos conflictos.
- Nos paraliza, porque sentimos que no podemos hacer nada al respecto, ya que no tenemos la capacidad ni el control necesarios para resolver la situación.

Personas adictas al drama

La actitud que una persona adopta ante la vida es uno de los factores más importantes para la felicidad. Algunas personas parecen adictas al drama y al pesimismo. ¿Qué rasgos identifican el rol del dramatismo y que pueden ayudarte a identificar actitudes que conviene corregir y cambiar?

1. Dedican más tiempo a las quejas que a valorar todo lo bueno que hay en su vida. Dejan que una queja eclipse todo lo positivo. Siempre observan el vaso medio vacío y no aprecian los pequeños detalles de la rutina cotidiana.

2. Responsabilizan a los demás de algunas de sus frustraciones, buscan culpables evitando hacerse responsables de sus propias decisiones.
3. Son personas que viven centradas en la perspectiva del *yo*. Tienen dificultades para escuchar a los demás ante su gran necesidad de atención.
4. Visualizan el futuro de un modo negativo, viven con una especie de miedo crónico al fracaso, que se convierte en la excusa perfecta para no dar el primer paso.
5. Escapan del presente, pues recuerdan en exceso el pasado. Quedan atrapadas en nostalgias que los llevan a la confusión al creer que cualquier tiempo pasado fue mejor.
6. Viven las relaciones personales en un plano de desigualdad: esperan recibir más de lo que dan.
7. Creen que los sueños están hechos para los demás, pero, en cambio, creen que la suerte no está de su lado. Observan la felicidad en los otros como si se tratara de un escaparate que muestra una imagen envidiable. Sin embargo, consideran que esta felicidad es lejana y distante, poco probable de experimentar en primera persona cuando se trata de hacer realidad los sueños.

Es natural que cuando estamos en medio del huracán de nuestros problemas no sepamos manejarlos y nos sintamos paralizados. Hay unos versos en la obra del poeta Jaime Sabines que describen muy bien esta situación:

> Yo lo que quiero es que pase algo,
> que me muera de veras
> o que de veras esté fastidiado,

o cuando menos que se caiga el techo
de mi casa un rato.

Para salir de ese espacio de angustia es necesario respirar profundo y tomar algunas acciones.

Cuando pregunto a las personas qué anhelan en la vida, algunas saben a ciencia cierta lo que quieren y otras simplemente saben lo que no quieren. Desean desde un trabajo nuevo, un ascenso, una nueva casa; otras quieren conseguir algo más abstracto, como felicidad, satisfacción, equilibrio, éxito. Algunas quieren más salud, tiempo libre, dinero. Otras quieren menos estrés, tristeza, miedo, dolor.

Los deseos son tan variados como las personas que los sueñan, pero independientemente de cuál sea la razón última, siempre hay implícito un *cambio*.

Hoy puedes crear tu vida en todos los niveles, a través de definir el futuro que deseas, con pensamientos positivos, controlando tus emociones y con acciones concretas.

Deja a un lado tu ego. Cuando se trata de cambiar tu vida, no hay espacio para el orgullo. Si te preocupa lo que pensarán tus amigos o familiares o si ganarás menos dinero si cambias de trabajo, entonces no avanzarás en nada y tendrás miedo de dar el salto que necesitas.

Abre tu mente a todo lo que la vida tenga para ofrecerte. Escucha a tu corazón y a lo que te está pidiendo que hagas. Deshazte de los temores que no te dejan salir de tu viejo ciclo de infelicidad.

Encuentra lo que te apasiona. Sin una pasión genuina no hay nada que dure en la vida. Identifica qué es exactamente lo que te apasiona y cómo conseguirlo.

Sé optimista. En lugar de obsesionarte con las cosas malas que podrían ocurrir, concéntrate en los resultados positivos que te gustaría obtener. Mientras menos pienses en los aspectos negativos, más tiempo tendrás para pensar en cómo alcanzar tus metas y dedicar toda tu atención a tus puntos más fuertes.

Haz el pacto de comprometerte contigo. Convéncete de que ahí hay una persona a la que no quieres decepcionar por ningún motivo (y esa persona eres tú y nadie más). Prométete que harás todo lo que esté a tu alcance para cambiar tu vida, sin importar los problemas o trabas que puedas encontrar en el camino.

Concéntrate en los cambios pequeños. Tal vez termines por sentirte abrumado y derrotado si tratas de cumplir enseguida una gran meta.

Reconoce que siempre está la posibilidad del fracaso en la vida. Una vez que hayas aceptado eso, podrás experimentar nuevas cosas con mayor libertad y permitirte vivir al máximo.

Cuando te esfuerzas por desarrollar tu inteligencia emocional, comienzas a cambiar hábitos, a renovarte y a redefinir límites con los demás.

Estás al inicio de una nueva vida, date cuenta de que estás dejando de ser la persona que eras, de que sientes que ya no encajas en los círculos sociales que antes frecuentabas. Incluso percibes que eres diferente al resto de los miembros de tu familia de origen.

Cuando estás en disposición para enfrentarte a tus temores, notas que eres un ser maravilloso, único, lleno de cualidades, pero también de defectos. Contradictorio, lo sé: lleno de sueños, pero también de dudas e inquietudes por resolver. Si lo procesas de manera adecuada, cada momento de dolor te lleva al crecimiento. Tu ser es así: un diamante puliéndose a sí mismo.

Acepta lo que es

Una de las fuentes de sufrimiento más comunes en el ser humano es el deseo de que las cosas sean distintas a como realmente son.

Cuando una persona pasa por alguna crisis, voltea hacia el pasado y piensa que todo tiempo pasado fue mejor, que en su momento no se valoraba porque parecía aburrido o bien había otras aspiraciones.

Lo mismo sucede con las relaciones interpersonales. Queremos que nuestra pareja sea distinta: si es deportista que sea sedentario, si es sociable que sea reservado. La pregunta radica en ¿por qué anhelamos siempre lo que no tenemos?

Nuestra forma de vida está tan basada en el cambio y el progreso, que a menudo valoramos negativamente lo que vivimos sin saber cuál sería la alternativa.

Hay personas que, instaladas en la queja y la amargura, molestan a los demás —y a sí mismas— sin resultado alguno, porque de nada sirve señalar lo que no funciona sin ofrecer soluciones.

Muchas personas postergan la felicidad, hasta que cambia la situación que viven. Se convencen de que cuando encuentren un trabajo mejor o la pareja ideal —por poner dos ejemplos— se darán permiso para disfrutar de la vida. Sin embargo, este planteamiento tiene un fallo de origen y es que nada resulta como esperábamos una vez que lo conseguimos. Y vivimos como el burro que persigue la zanahoria: podemos pasar la vida entera esperando *algo mejor* para descubrir al final que ya lo teníamos y no habíamos sabido verlo.

Lo que ocurre es que, cuando llega el momento tan largamente esperado o deseado, sufrimos una desilusión; entonces fijamos nuevos objetivos anhelando que una vez alcanzados, llegue, esta vez sí, el premio definitivo. Sin embargo, esto no sucede, ya que más que insatisfacciones, existen las personas insatisfechas.

Del mismo modo que nos resulta difícil aceptar las cosas como son, también nos cuesta aceptar a los demás, ya que su forma de pensar y reaccionar nunca coincidirá con nuestras expectativas.

Al hacer un favor a un vecino, nos duele si no obtenemos el mismo trato de su parte cuando lo necesitamos. En el ámbito laboral, a menudo consideramos que los compañeros no cumplen con sus tareas, y el jefe o la jefa es un ser inútil que está dinamitando la empresa.

La felicidad reside en aceptar lo que es —eso no quiere decir que vas a quedarte en un estado de conformismo—, es dejar de pelearte con la vida para establecer soluciones creativas con acciones concretas para cambiar lo que no te gusta y encontrar la plenitud y satisfacción que tanto anhelas.

No tomes todo personal

Hay muchas personas que sufren diariamente porque todo lo que les pasa se lo toman de forma personal. Como si el universo entero estuviera en contubernio para que ella o él sean siempre el eje de lo que sucede en el mundo, con el pensamiento de que «¡Todo lo hacen para afectarme!»

Este sufrimiento puede ser innecesario si cambiamos el enfoque que le damos a las experiencias que tenemos en la vida.

Cuando estamos así, es común pensar que lo que alguien dijo fue con la intención de mandarnos una indirecta. Quizá, si entramos en una habitación, y los del fondo comienzan a reír, pensamos que se burlan de nosotros, que si alguien no contesta en ese momento un mensaje o llamada es porque no nos quiere contestar y, probablemente, si mi pareja no pone atención en lo que le digo es porque está pensando en alguien más.

Cuando nos relacionamos con una persona a nivel amistoso, laboral, de pareja o por algún parentesco, no sólo nos estamos relacionando con esa persona, porque también nos enfrentamos a su pasado, pues su historia, sobre todo en los primeros años de vida; y la información que recibieron del exterior, ha formado en cada uno filtros que cambian la visión. Con todo esto es complicado ser objetivo.

Lo más seguro es que el problema no sea contigo, sino con todas esas creencias y expectativas que esa persona tiene.

En ocasiones, nosotros nos desquitamos con aquellos que están al alcance de la mano de lo malo que nos sucede.

No debemos tomar las cosas personales, primero porque no todo tiene que ver con nosotros, y después porque lo que quiere la persona de enfrente —quien con su actitud hostil nos demuestra que no tiene conciencia— es que estemos en una dinámica de relación tóxica, a la cual no vale la pena entrar.

Cuando alguien envía una dosis emocional negativa, es como un veneno; está en nuestras manos elegir no tomarlo de forma personal, porque si lo hacemos, esa toxicidad llegará directamente a nosotros. En cambio, si no le damos importancia personal, el veneno nunca surtirá efecto. Tú decides si lo recibes o no. Profundiza un poco y te darás cuenta de que toda esa agresión es tan sólo el vacío que esas personas no saben cómo llenar, un dolor interno que no saben manejar, el cual lanzan a diestra y siniestra.

> **Lo que piensan los demás no es tan importante, mientras estés en el camino por el cual quieres transitar.**

Recuerda que una persona que ama lo que hace y está plena en todas las áreas de su vida no tiene tiempo para concentrarse en lo que los demás piensan de ella.

El aburrimiento como señal de que tu relación no tiene remedio

Cuando tu pareja te ve, ¿lo hace con la misma pasión de una vaca pastando?

A lo largo de la vida, las relaciones de pareja pasan por toda clase de circunstancias adversas y se requiere mucho amor, comprensión, paciencia y empatía para continuar unidos, sin embargo, tenemos un enemigo camuflado que no alcanzamos a ver, y es el aburrimiento; éste sí puede matar cualquier relación, por sólida que aparente ser.

¿Cuáles son las señales que nos indican que hay que tomar medidas para evitar este mal?

- La rutina cotidiana. Tu pareja y tú son absolutamente predecibles. Todos los días son iguales. Te sientes atrapado en una relación monótona.

- ¿Cuándo fue la última vez que hiciste algo con tu pareja que te llevó a sentir un vuelco en el corazón?
- Al enamorarse demasiado rápido se construye la relación sobre puntos débiles. O si te relacionaste para que tu pareja resuelva tus problemas de soledad o económicos.
- El llamado «ojo alegre». Al tener tan poco o nulo compromiso en la relación se descuidan las cosas importantes. Revisa si eres de esas personas que dicen: «Fieles los perros, la casada es mi mujer, mientras no se entere no hago daño».
- Te parece fácil tener una relación de noviazgo mientras estás casado o casada. Si te enamoras de esa tercera persona, acabarás con cualquier vínculo.
- La intimidad es aburrida. Siempre sucede lo mismo, es más, te da pereza tan sólo pensar en lo que puede suceder.
- Las historias se construyen de los recuerdos y las vivencias. Si son más los recuerdos negativos, además de los resentimientos, se convierte en una relación de venganza, donde es posible que hasta usen a los hijos para hacerse daño uno al otro.
- ¿Te comunicas con tu pareja o pretendes que además de adivinarte el pensamiento, haga lo que tú esperas y sea como tú quieres?
- Falta espontaneidad. Planear toda la vida con sus horas, sus días y sus meses es el modo perfecto de preparar tu relación para el futuro. Pero la realidad es que en algún momento necesitarán saltarse ese guion para que la relación siga siendo interesante.
- Extrañas reunirte con las amistades los viernes por la noche sin tener que dar explicación de nada a nadie.

- La peor de todas: no comparten un proyecto de vida en común. Cada uno tiene sus metas y ocupaciones.
- El exceso de convivencia. Si están demasiado tiempo juntos, quizá acaben con el amor.

Si ya detectaste problemas, recuerda lo siguiente:

- Para bailar un vals se necesitan dos; se requiere la disposición, el esfuerzo de los dos para cambiar los malos hábitos. Si uno no está dispuesto a cambiar, no hay nada que hacer.
- Establezcan un proyecto de vida en común.
- Elijan actividades nuevas.
- Vuelvan a encender la chispa de la pasión probando algo diferente.
- Renueven su compromiso.
- Dense sus espacios.
- Creen un puente de comprensión.

Terminar con las actitudes codependientes es un proceso que toma tiempo, hay que mantenerse en autobservación psicológica, la cual es una de las técnicas más poderosas para alcanzar el equilibrio, el éxito, la prosperidad y la felicidad que nos llevan a vivir conscientemente, es decir, a tener una existencia plena porque permanentemente estamos viviendo nuestro presente, en lugar de arrepentirnos de un pasado que no podemos cambiar o de atemorizarnos por un futuro que no ha llegado.

Al tener la disciplina de observar lo que hacemos, pensamos y decimos, nos convertimos en arquitectos de nuestro propio destino.

Escribe detalladamente cuáles son los hábitos que consideras que, lejos de ayudarte, te perjudican más. ¿Cuántos de ellos puedes cambiar hoy con tan sólo tomar conciencia? ¿Cuáles requieren de disciplina para hacer las cosas de manera diferente? ¿Qué acciones concretas puedes llevar a cabo para construir la vida que deseas tener?

Establece tus límites

Muchas veces no ponemos límites porque no sabemos bien qué queremos que ocurra, qué resultados positivos podríamos obtener si lo hiciéramos. Lo único que tenemos claro son los problemas que padecemos por no hacerlo y el malestar que nos acarrea.

Es cierto que no puedes cambiar ni controlar lo que los demás hagan, tampoco obligarlos, pero sí puedes ponerte el traje de protagonista aplicando las siguientes sugerencias:

- Identifica la situación en la que crees que necesitas poner límites y decide qué es bueno para ti y qué no.
- Piensa cuáles serían las consecuencias negativas de poner límites.
- Piensa cuáles serían los beneficios de poner esos límites. Determina acciones para establecer esos límites si consideras que estás dispuesto a pagar el precio.
- Define qué harías si consideras que no pagarías el precio.

Lo fundamental es tomar la responsabilidad de la relación, no es sólo culpa del otro, es mi actitud negativa que me lleva a la frustración al esperar que el otro me haga feliz, me dé amor o plenitud.

Tómate un tiempo para definir qué quieres de tu existencia. El grado de satisfacción que tienes en todas las áreas de tu vida es fundamental para que puedas tener una buena relación de pareja.

Identifica todo aquello que te dolió en el pasado, sánalo, recupera ese corazón roto, cuestiónate a profundidad qué significa para ti el amor y lo que esperas de la vida.

Define cuál es tu proyecto de vida personal.

Considera que en el momento que eres una naranja completa, feliz, plena, que sabe lo que quiere de la vida, encontrarás otra naranja completa con la cual compartir tu vida.

Elige vivir con alegría

Hay que recordar que si no eres feliz con lo que tienes, tampoco lo serás si pones tu atención en lo que te falta. Existen personas que constantemente viven agobiadas por el peso de sus responsabilidades, y no se dan la oportunidad de disfrutar su existencia.

Nos quejamos de nuestro peso, de la edad, de nuestra pareja, y lo peor, del trabajo... alrededor de setenta y ocho por ciento de las personas odian su trabajo.

Además, es común que, al terminar ciclos, desafortunadamente nos detenemos a criticar lo que hicimos mal en lugar de reconocer nuestros aciertos.

Lo que rige los resultados que obtenemos es la actitud que tenemos frente a los eventos cotidianos. Se requiere un balance en distintos aspectos para construir una vida feliz. Para ello hagamos una guía con pasos sencillos que te ayudará a ver la vida de modo distinto y a cambiar ciertas actitudes.

No temas a la vida, sal de tu zona de confort

No necesitas la aprobación de nadie, a veces el juicio que vemos en los demás tiene más que ver con nuestros propios prejuicios, pero aunque tu percepción sea una realidad, ésta es la única vida que vivirás, así que no le regales a nadie tus emociones.

En vez de sólo aceptar las creencias de quienes te rodean, emite tu opinión, cambia tus creencias limitantes por unas que te permitan avanzar en el sentido que quieres ir.

Aprende a confiar en ti mismo, vas a convivir contigo el resto de tu vida, ¿no crees que ya es el momento de ser tu aliado?

Descubre tu pasión y hazte cargo de ella, ésta es la clave para alcanzar la plenitud.

Recuerda que escuchar es una virtud.

Acepta a todos tus amigos y familiares con sus debilidades o errores.

No seas un espectador de tu vida, haz todo lo necesario para que las cosas que quieres sucedan.

Vive sanamente, esto implica hacer ejercicio y comer bien. No tengas miedo de demostrar que te preocupas por alguien.

Ríe, hazlo siempre.

Aprende a disfrutar de los pequeños detalles de la vida.

Alimenta tus relaciones afectivas.

Hoy tú puedes construir la vida que deseas tener.

Escribe una nueva historia de tu vida, llena de amor, consideración y satisfacción.

Recuerda que hoy es el primer día del resto de tu vida, ¿cómo lo quieres vivir?

Conclusiones

....

Información es poder

Repetir una y otra vez en nuestros pensamientos la historia que nos dañó, equivale a abrir varias veces la herida y pretender que cicatrice.

Einstein decía que hacer lo mismo y esperar resultados diferentes era sinónimo de locura.

Nunca es tarde para empezar una nueva historia.

....

**Hoy nuestro objetivo no es cambiar a los demás,
sino llegar a transformarnos a nosotros mismos,
para tener una realidad diferente.**

....

En estos siete capítulos hemos hecho un recorrido por los elementos que nos alejan del amor y nos atan a las conductas codependientes, tomamos conciencia de algunas de nuestras actitudes negativas y creencias limitantes, ésta no es una lectura de un día, es un proceso de cambios internos que día a día se irá arraigando en lo más profundo de nosotros.

Abrázate y aplaude tu esfuerzo, pues muchas personas simplemente sueñan sin tomar acciones para alcanzar sus metas. Piensan que el día que se decidan harán tal o cual cosa. Pero el camino hacia algún día conduce a una ciudad en la nada, y tú hoy diste un gran paso, pusiste acción para terminar con los hábitos negativos que te han llevado a tener relaciones interpersonales insatisfactorias.

En algunos momentos vivir no es tan fácil como nos gustaría, pues la vida está llena de retos que no sabemos enfrentar, que tememos no podremos superar y que solamente con base en la experiencia logramos trascender.

Saber lo que nos sucede a nivel emocional y tener las herramientas que nos permiten vernos con claridad nos da los elementos para no "volver a tropezar con la misma piedra".

Recuerda que eres la persona más importante de tu propia vida, la protagonista de la única historia que vives.

La fortaleza que requieres está en tu interior.

A lo largo de tu vida hiciste lo que pudiste con lo que tenías, hoy puedes construir la vida que siempre has anhelado.

Eres una persona digna y merecedora de ser feliz.

Libera las historias y a las personas que ya no tienen por qué estar en tu vida, pues el perdón es una llave que cierra ciclos y abre las puertas del amor.

Hagamos hincapié en lo siguiente:

Cuando hacemos un recuento de las cosas buenas, la gente que nos ha amado, las oportunidades que nos han

brindado y de todas las cosas positivas, sentimos satisfacción con lo que hemos vivido, misma que nos lleva a agradecer lo que sí tenemos, ese estado de gracia nos da la claridad de pensamiento para construir lo que sí queremos en
lugar de estarnos quejando de lo que nos falta, y en ese bienestar es cuando tomamos las decisiones y acciones asertivas que nos llevarán a vivir en plenitud.

¡Gracias por permitirme tener esta conversación contigo!

Ama incondicionalmente a la persona más importante
de este universo, ¡Tú!

Amor vs. codependencia de Adriana Páramo Moguel
se terminó de imprimir en mayo de 2018
en los talleres de
Litográfica Ingramex, S.A. de C.V.
Centeno 162-1, Col. Granjas Esmeralda, C.P. 09810,
Ciudad de México.